Annwyl
Gan i
Dyma ga
a gasglais dro yn ôl

wyddyn o Amser'
u byrion

TROEON

Llyfr Erchwyn Gwely

Myfyrdod ar gyfer bob dydd o'r flwyddyn

Aled Lewis Evans

Gobeithio wnei di fwynhau pori ynddynt.

Llawer o gariad i ti a John, a diolch am dy holl waith dros y blynyddoedd y cefais y fraint o'i weld yn yr Eisteddfodau,

Aled xxxx

CYHOEDDIADAU'R GAIR

Testun gan Aled Lewis Evans

Golygydd Cyffredinol: Aled Davies

ISBN 1 85994 131 1
Argraffwyd yng Nghymru

Cyhoeddwyd gan:
Cyhoeddiadau'r Gair, Cyngor Ysgolion Sul Cymru,
Ysgol Addysg, PCB, Safle'r Normal,
Bangor, Gwynedd, LL57 2PX.

CYNNWYS

RHAGARWEINIAD

Pleser yw casglu'r dyfyniadau, achlysuron a digwyddiadau hyn at ei gilydd. Gobeithio y bydd y dyfyniadau ar gyfer y dyddiau yn ennyn chwilfrydedd i fynd ar ôl mwy o waith y bobl a ddyfynnir yn y casgliad hwn. Mae unrhyw ddarn heb ffynhonnell wedi ei nodi, yn waith gwreiddiol gen i.

Ymateb i her ddifyr Eisteddfod Powys ym 1997 a wnes i yng nghystadleuaeth y Goron yn Llanrhaeadr ym Mochnant - i lunio Llyfr Erchwyn Gwely, a diolch iddynt am gystadleuaeth o'r fath ac i'r beirniad, Elin Mair Jones. I mi, golygai hyn neges neu ddyfyniad ar gyfer bob dydd o'r flwyddyn. Byddai dewis pawb yn wahanol wrth gwrs, ond dyma fy newis i, sydd gobeithio yn cyfathrebu rhywbeth ym mywydau eraill. Efallai gydag amser y bydd rhai dyfyniadau yn dyddio a dyfnhau yn eu harwyddocâd, ond gobeithio bod gwirionedd sylfaenol bob un yn aros fel adlewyrchiad o'i gyfnod.

Hoffwn ddiolch i Aled Davies a Chyhoeddiadau'r Gair am eu brwdfrydedd ynglŷn â'r gwaith hwn, a gobeithio y daw mwynhad o droi ato. Cyfryngau ydym oll i adlewyrchu rhywbeth mwy na ni ein hunain, a gobeithio yn y llyfr newydd hwn fy mod yn cael cyfle i wneud hyn fwy nag erioed o'r blaen.

Aled Lewis Evans

1

Hel Calennig.

Pa werth sydd mewn mynd allan ?
Bu ffasiwn dro ar fyd.
Mae'r hen arferion wedi mynd
does blentyn ar y stryd.
Roedd Mam yn sôn fel byddai
yng nghwmni dwy neu dair,
yn galw heibio'r teras bach
a'r ffermydd i Fryn Mair.
Ond heddiw pwy sydd yno ?
Mae'r hipis yn y Fron
a distaw fu y buarth
ers tro yn ffarm Werngron.
A Saeson sy'n y gweddill
a'r teras siwr i chi,
Be wyddon nhw am g'lennig
yn wir, pa beth wn i ?

(Lewis Evans)

❖ ❖ ❖ ❖ ❖

2

Mae clyfrwch geiriol yn gallu bod yn hynod o drawiadol ar adegau. Ar boster fe'm trawyd gan y geiriau "*Carpenter from Nazareth. Needs new joiners*". Meddyliais mai dyma'r union fath o frawddeg arwyddair allai ysbrydoli llawer. Ar gyfnod traddodiadol y plygeiniau, ac ar y dydd y bu farw Gladys Aylward ym 1970 y genhades y ffilmiwyd ei bywyd yng Nghymru, mae'r addasiad canlynol hefyd yn ysbrydoli

Addasiad o ddarn gan G. A Studdert Kennedy.

Dwi'm yma i bethau ffroenuchel a gor-dduwiol,
fe ddiolchaf i ti yn hytrach
am bethau cyffredin daear lawr,
pasiant porffor gwawrio
ac am farwolaeth rhai dyddiau,
mawredd y môr,

gwisgoedd brenhinol rhosdiroedd yr Hydref
giatiau aur y Gwanwyn,
Melfed nosweithiau mwyn o haf
a sgleinio arian
y miliynau ar filiynau o sêr
sy'n canu eu cân mud.

❖ ❖ ❖ ❖ ❖

3

Mae geiriau bytholwyrdd y Corinthiaid yn addas ar gyfer dechrau bob dydd a dechrau blwyddyn newydd o addunedu. Dyma addasiad a diweddariad gen i : Addasiad o'r bennod "Cariad" (Pennod 13 o Lyfr y Corinthiaid yn y Testament Newydd.)

'Swn i'n gallu siarad fel dyn doeth neu fel angel, ond bod Cariad ddim gen i, dwi fatha metal yn crafu neu symbal yn taro. A 'swn i'n gallu sgwennu colofn y sêr, a mod i'n gwybod pob cyfrinach ac yn encyclopaedia o ffeithiau; taswn i'n meddwl fod fy ffydd i mor gryf fel y medrwn symud mynydd, a heb Gariad gen i efo'r petha ma, dio'n da i ddim i mi.

'Swn i'n rhoi bwyd ac arian i'r digartref, a 'swn i'n barod i farw dros achos da, a gwneud y peth ma heb Gariad -dio'm defnydd i mi o gwbl.

Mae Cariad rhwng pobl yn aros am amser hir, yn gweld cymwynas; dydy cariad ddim yn cenfigennu, nac yn dangos ei hun, nac yn defnyddio.

Dydy Cariad ddim yn gwneud dim byd anweddus, a dydy o ddim yno i fod yn hunanol. Dydy Cariad ddim yn bigog. 'Di cariad ddim yn hapus pan mae'n gweld rhywun yn cael cam, ond mae'n llawen iawn pan mae'n gweld y gwir.

Gall Cariad ddioddef popeth, drwy gredu yn y gwir, dal i obeithio, ac aros yn ffrind mewn dyddiau anodd.

Dydy gwir Gariad byth yn peidio â bod, ond gall rhywbeth da dwi'n digwydd ei ddweud ddiflannu, bydd lleisiau dyn yn distewi, a'i wybodaeth yn cael ei anghofio.

Achos dim ond rhan o'r stori sydd gennym ar y ddaear. Ond pan fyddwn yn gweld y peth perffaith cawn y stori gyfan. Yn y run ffordd pan rôn i yn fabi, felna roeddwn yn siarad, felna roeddwn yn deall ac yn meddwl. Ond pan dyfais i fyny, mi rois y gorau i wneud pethau yn y ffordd hynny, a gweld bod mwy.

Rhyw syniad o weddill y stori sydd gennym rŵan, fel gweld ein hunain mewn drych, ond pan ddaw ein dydd byddwn yn syllu i fyw llygaid Duw. Byddwn yn cael gwybod pethau y gwyddwn ond ychydig amdanynt rŵan. A byddaf fi yn cael 'nabod Duw, fel mae o wedi'n 'nabod i ar hyd y blynyddoedd.

Mae ffydd, gobaith a chariad yn bethau pwysig, ond y pwysicaf o'r rhain yw i ni ddangos Cariad yn ein bywydau.

❖ ❖ ❖ ❖ ❖

4

Gweddi Blwyddyn Newydd.

Annwyl Iesu, diolch i Ti am flwyddyn newydd sbon i ni ei mwynhau - llyfr arall ar silff ein bywyd yn ymestyn fel eira gwyn, a phrin ôl troed ynddo eto.

Diolch i Ti am ddod â ni ar y daith cyn belled, a gad i ni ymddiried yn llwyr yn dy Gariad a'th ddaioni ar gyfer y flwyddyn sydd o'n blaenau.

Yn ystod y flwyddyn daw llawer cyfle a dewis i ni. Boed i ni ddewis yn ddoeth i gerdded llwybr Daioni a Gonestrwydd sy'n arwain at lu o bethau positif, cyfeillion newydd a meddwl hyfryd agored. Cadw'r dylanwadau drwg o hyd braich i ni eleni - cenfigen, ffalsder a thwyllo. Dyna bethau negyddol sy'n gallu cnoi person y tu mewn a'u gwneud yn chwerw a chas, ac yn bobl sy'n cuddio.

O Dduw cyffyrdda â bywydau pobl felly drwy dy Ysbryd Glân eleni, a newid y tir diffaith yn ardd. Fel y soniodd Dewi Emrys am y *"Gorwel"* fel *"Hen linell bell nad yw'n bod, Hen derfyn nad yw'n darfod"*, gad i ni wynebu'r Flwyddyn Newydd a'i her newydd mewn gobaith a Ffydd, a gwna ni bob un yn ein ffordd ein hunain yn gyfryngau dy dangnefedd Di. Rho flwyddyn newydd dda i ni yn dy ystyr Di, ac nid yn ein hystyr ni.

Amen.

❖ ❖ ❖ ❖ ❖

5

Mae na ambell i lais yn codi o Iwerddon sydd i'w clywed yn eglur iawn yn gweithio dros Heddwch. Un o'r croywaf yw Mary

O'Hara, a hynny thrwy ei chân. Mae ei hanes cynnar wedi ei gofnodi mewn Hunangofiant o'r enw *"The Scent of the Roses"*, ac un o'i chaneuon mwyaf adnabyddus yw *"Song For Ireland"*. Fe'i ganed yng Norllewin Iwerddon lle y ceir bri ar yr iaith Wyddeleg, a daeth i amlygrwydd drwy gystadleuthau tebyg i'n Heisteddfodau ni yn Iwerddon. Priododd fardd ifanc Americanaidd Richard Selig ond yn fuan yn eu priodas fe fu farw yntau. I ddygymod â'r sefyllfa yma fe ymunodd Mary â lleiandy i fyw bywyd o weddi a thawelwch. Deuddeng mlynedd yn ddiweddarach fe ail-wynebodd y byd a'i bethau wedi derbyn nerth ysbrydol i orchfygu'r dydd. Gwelai hi ei hun fel cyfrwng i ledaenu heddwch a chymod Duw. Yr emyn a barodd iddi ganu drachefn oedd *"Arglwydd y Ddawns"*

Mi ysgrifennodd y diweddar ddarlledwr Russell Harty yn loyw iawn ar gefn un o recordiau Mary O'Hara am yr effaith anodweddiadol a gafodd hi ar wŷr stiwdio a chynulleidfa. Am unwaith roedd hyn yn dyrchafu'r cyfrwng teledu wrth iddi hi gyfathrebu ei neges dawel - hi a'i thelyn. A dyma ei eiriau :

"Cytunodd Mary i siarad ar fy rhaglen. Cytunodd hefyd i ganu, Sleifiais i gefn y stiwdio wag i gael rhyw fath o argraff ohoni wrth iddi ymarfer. Mae'n beth buddiol bob amser i wylio adwaith technegwyr digon sinigaidd i'r artistiaid wrth iddynt ymarfer. Roedd y rhain wrthi'n brysur efo'u gweithgareddau arferol hyd nes i Mary ddechrau ar ei chân gyntaf. Doedd dim raid i'r Rheolwr Llawr a arferai weiddi'n groch am drefn a distawrwydd, wneud hynny o gwbl. Roedd na sylw naturiol, neu'n hytrach annaturiol i'r wraig hon ... Canodd gân yn y Gaeleg am ddwy gwcw, a dau gariad sy'n atseinio eu cynlluniau a'u hapusrwydd. Fe'i canodd mor hyfryd, ac ar y diwedd rhoddodd criw y stiwdio i gyd eu gwifrau, eu goleuadau, a'u meicroffonau heibio, a chymeradwyo'n frwd. Roedd yn ennyd anhygoel.

Roeddwn i'n falch mai ymarfer oedd hwn, gan y cymerais i hanner munud i geisio ffurfio rhywbeth call i ddweud wrthi.

Mae teledu'n gyfrwng creulon a llwglyd. Mae'n llyncu talent a chwydu'r darnau fel peiriant cynhaeaf o'i go; mae'n troi golau cryf ar y sawl sy'n eistedd o flaen ei lygaid treiddgar, mae'n medru gwahaniaethu rhwng y gwir a'r gau. Bob hyn a hyn, fe gyll y cyfrwng ei galedwch gan ddod yn was gwylaidd. Gwêl gyfrifoldeb i oleuo, a rheidrwydd i gyfathrebu y math o orfoledd a pharch sy'n sylfaen i Mary O Hara a'i gwaith."

6

Yr un, yr un a fydd dy hynt
â'r eiddom ni, a'th dadau gynt.
Cei wylo ennyd, chwerthin dro
Cyn mynd i gysgu yn y gro -
I gysgu, neu i gadw'r oed
â'r Hwn sy'r Un, yr Un erioed,
A gwrando ei gyfrinach O.

(I.D Hooson).

❖ ❖ ❖ ❖ ❖

7

Gweddi Fore Henuriaid Optina.

Dduw, par i mi wynebu popeth yn y dydd o'n blaenau â thawelwch ysbrydol. Par i mi ildio'n hun yn barod i'th ewyllus sanctaidd Di. Ymhob awr o'r dydd heddiw, cefnoga fi ymhopeth sydd yn rhaid i mi ei gyflawni. Dysga i mi dderbyn pa newyddion bynnag yn ystod y dydd gyda thawelwch enaid, a gyda'r gred sicr fod dy ewyllus sanctaidd Di ymhopeth. Yn fy ngeiriau a'm gweithredoedd arweinia fy meddyliau, teimladau a synhwyrau. Ymhob digwyddiad annisgwyl par i mi beidio anghofio fod popeth yn cael ei anfon gennyt Ti. Dysga i mi ymddwyn yn agored a rhesymol efo pawb rwyn cyfarfod, i sicrhau nad oes unrhyw un yn cael eu brifo neu eu chwerwi. O Dduw rho'r nerth i mi wynebu blinder y dydd o'n blaen ac unrhyw beth a all ddigwydd yn ystod y dydd. Arwain fy ewyllus, a dysg fi i weddïo, i gredu, i obeithio, i ddioddef, i faddau ac i garu. Amen

(Cyfieithiad gan Sisters of the Convent of Annunciation, Willesden.)

❖ ❖ ❖ ❖ ❖

8

Ym 1937 ganwyd Shirley Bassey yng Nghaerdydd. Mae'n anodd credu i feistres y gân gael ei gwrthod yn ei dyddiau cynnar am fod yn ddi-emosiwn. Cyhuddwyd hi o fod fel darn o bren. Dyna oedd y trobwynt - fe ddechreuodd fyw ei chaneuon. Mae hi wedi bod yn canu *"Hey Jude"* y Beatles yn ystod y blynyddoedd diweddar

hyn ac mae na linell yno yn sôn am adael y gân i mewn o dan ei chroen a byw holl angerdd y gân. Dyna yn union brofiad Shirley. Mae llawer un o'i chaneuon yn taro deuddeg, ond ar ôl ei Pharti 60 cefais f'atgoffa am gân ar ryw hen feinyl trwsgwl yn llwch y gornel yn rhywle, oedd â mwy o arwyddocâd bellach :
"Yesterday, when I was Young, There were so many songs waiting to be sung...." Campwaith yn wir. Diolch iddi am ei hartistri, a'i dewrder yn mynegi ein teimladau a'n hemosiynau ni i gyd drosom.

❖ ❖ ❖ ❖ ❖

9

Giât y Flwyddyn Newydd.
(Addasiad o eiriau Minnie Louise Haskins)

Meddwn i wrth y gŵr a safai wrth giât y flwyddyn. "Dyro olau i mi er mwyn i mi gamu'n ddiogel i'r anwel" Ac fe atebodd yntau. "Dos allan i'r tywyllwch a rho dy law yn llaw Duw. Fe fydd hynny'n well i ti na golau ac yn fwy diogel na ffordd gyfarwydd."
Felly ymlaen â mi, ac o ganfod llaw Duw, camais yn fodlon i'r nos. Ac fe arweiniodd yntau fi tuag at y bryniau, a gwawrio'r dydd yn unigrwydd y Dwyrain.

❖ ❖ ❖ ❖ ❖

10

Yn ein bydoedd bach prysur hunan-ganolog yn aml fe anghofiwn ystyried pethau ar gynfas byd-eang. Mae yna adeg pan ddylem gofio am yr arwyr nad oes neb yn eu harddel na chanu amdanynt. Soniodd Gwyn Thomas yn drawiadol amdanynt yn ei gerdd "Arwr yr Ugeinfed Ganrif" :

"Welwyd mo'r wyneb ar y teledydd
Nac ar dudalennau'r un papur newydd
Oherwydd
Yn y fan a'r lle roedd ei achos yn un amhoblogaidd.
Safodd dros hawl y du, dyweder, mewn man gwyn ;
Safodd dros esgymun carpiog mewn cymdeithas freintiedig ;

Safodd dros Iddewon ar amser gwrthsemitig ;
Safodd dros hawl iaith ddirmygedig ;
Safodd dros gredo mewn gwlad heb gred;
Safodd dros ryddid mewn gwlad oedd yn garchar ;
Safodd dros gariad ynghanol casineb;
Safodd dros Grist, neu dros Lenin.
Syrthiodd wedyn, ond 'does yna neb yn gwybod."

❖ ❖ ❖ ❖ ❖

11

Dyma'r dydd ym 1791 y bu farw'r Pêr Ganiedydd - William Williams Pantycelyn. Yn ystod Eisteddfod Dinefwr cefais y cyfle i ymweld â'r ffermdy a gweld y creiriau teuluol sydd yno. Mae ei waith yr un mor drawiadol heddiw, ac oherwydd ei fod yn oesol mae tinc newydd ynddo bob amser. Meddyliwch am :

"Iesu, Iesu, rwyt ti'n ddigon
Rwyt ti'n llawer mwy na'r byd ;
Mwy trysorau sy'n dy enw
Na thrysorau'r India i gyd :
Oll yn gyfan
Ddaeth i'm meddiant gyda'm Duw."

ac hefyd :

"Ymhlith holl ryfeddodau'r byd
Hwn yw y mwyaf un -
Gweld yr Anfeidrol ddwyfol fod
Yn gwisgo natur dyn."

❖ ❖ ❖ ❖ ❖

12

Geiriau addas iawn ar gyfer yr Hen Galan yw'r tinc o obaith yng ngherdd Sheenagh Pugh - Weithia.

WEITHIA.

(Rhydd-addasiad o gerdd Sheenagh Pugh ar y trên tanddaear yn Llundain)

Weithia dydy petha ddim yn mynd o ddrwg i waeth
wedi'r cwbl. Ambell flwyddyn mae'r grawnwin
yn troi'r rhew heibio; mae gwyrdd yn llewyrchu,y cnydau heb fethu,
weithia bydd dyn â nod uchel, ac fe gaiff rwydd hynt i'w gyrraedd.

Weithia bydd cenhedloedd yn troi'u cefn ar ryfel
ethol dyn geirwir; penderfynu eu bod yn hidio digon
fel nad allant adael rhyw ddieithryn heb fwyd.
Bydd rhai dynion yn canfod y pwrpas y'u ganwyd iddo.

Weithia dydy ein hymdrechion gorau ddim yn mynd dan draed,
Weithia rydym yn llwyddo fel y bwriadom.
Bydd yr haul weithia yn meirioli cae o ofid
a edrychai wedi rhewi'n gorn : boed i hyn fod yn brofiad i ti.

❖ ❖ ❖ ❖ ❖

13

Ar gyfer y dyddiau rheiny o wacter ar ôl dyddiau Gŵyl a chysylltu â hen gyfeillion, daw geiriau grymus y Canon Scott Holland i oleuo'r Gaeaf eithaf.

MARW'N DDIM.
Y Canon Henry Scott Holland.

"Dydy marw'n ddim .....dim ond wedi sleifio i'r stafell nesa yr ydw i.... dwi'n dal run fath fel yr wyt tithau. Beth bynnag oedd rhyngom ni mae o'n dal i fodoli. Galwa fi yn ôl yr hen enw cyfarwydd, siarada efo fi'n hamddenol fel yr arferet wneud o hyd. Paid ag altro'r llais o gwbl na gorfodi rhyw bruddglwy' neu dristwch. Chwertha fel y byddem yn chwerthin wrth rannu a mwynhau jôc. Mwynha dy hun, gwena, meddylia amdana i, gweddia drosta i.

Gad i'm enw i fod o hyd yn enw byw ar yr aelwyd. A phaid â'i ddweud o efo rhyw effaith, heb ôl y cysgod lleia drosto. Mae bywyd mor werthfawr ac y bu erioed, ac mae'r rhod yn dal i droi. Beth ydy'r marw ma ond rhyw ddamwain fach ? Pam y dylwn fod o'th feddyliau oherwydd fy mod o'r golwg ? Disgwyl amdanat ti yr ydw i, am ryw egwyl, yn rhywle'n agos iawn, dim ond rownd y gornel..... mae popeth yn wych."

14

Ym 1958 gwelwyd teledu annibynnol cyntaf Cymru, ac enw'r sianel oedd TWW(*Television Wales and West*). Yn ei babandod yr oedd y cyfrwng bryd hynny, ond bellaeth mae'n lloeren, yn wifren ac yn ddigidol a'i rym yn ddadleuol. Ceir arall eiriad gwych o Salm 23 - I'r Teledu ac addasiad yw hon o un a welwyd mewn eglwys yng Nghaint.

Y Teledu yw fy mugail, ni bydd eisiau arnaf.
Ef a wna i mi orwedd mewn cadair freichiau.
Ef a'm tywys o lwybrau ffrwythlon Ffydd, fe ddifetha fy enaid.
Ef a'm tywys ar drywydd rhyw a thrais er mwyn yr hysbysebwyr.
Er i mi gerdded drwy gysgod cyfrifoldeb Cristion, nid ofnaf niwed, gan fod y Teledu gyda mi,
- Dy weiars a'th declyn rheoli a'm cysurant.
Ti arlwyi hysbyseb ger fy mron er budd fy materoliaeth,
Iraist fy mhen â hiwmanistiaeth, fy nhrachwant sydd lawn.
Diogi ac anwybod yn ddiau a'm canlynant holl ddyddiau fy mywyd
A phreswyliaf yn y tŷ yn gwylio'r bocs yn dragywydd."

❖ ❖ ❖ ❖ ❖

15

Ar Ddiwrnod Martin Luther King yn UDA, i gofio ei eni ym 1929, cofiwn ei eiriau gobeithiol. Daeth i amlygrwydd fel gweinidog y Bedyddwyr ac arweiniodd y mudiad hawliau sifil o ganol y 50au hyd 1964. Credai yn ddiysgog yn yr egwyddor o rym didrais. Fe'i ganed i 'r traddodiad crefyddol Negroaidd, ac roedd yn weinidog ym Montgomery, Alabama pan gychwynnodd Mrs Rosa Parks brotest oherwydd y gwahanu ar sail lliw croen a ddigwyddai ar drafnidiaeth gyhoeddus y dref. Cofir King fel areithiwr huawdl. Ym Memphis ychydig cyn ei lofruddiad dywedodd :
"Ni wn beth a ddigwydd yn awr. Y mae dyddiau celyd o'n blaenau. Does dim gwahaniaeth gen i, bûm ar ben y mynydd. Fel pob un arall carwn fyw'n hir. Ond nid wyf yn poeni am hynny. Fy nymuniad yw gwneud ewyllus Duw ac fe ganiataodd Ef imi fynd lan i ben y mynydd. Gwelaf wlad yr addewid."
Dyma addasiad o rai o'i eiriau enwocaf : UN DYDD
geiriau Martin Luther King.

Un Dydd

Bydd bobl ifanc yn dysgu geiriau
na fyddant yn eu deall.
Bydd plant India yn gofyn :
Beth yw newyn ?
Bydd plant Alabama yn holi :
Beth yw gwahanu hiliol ?
Bydd plant Hiroshima yn gofyn :
Beth yw'r bom atomig ?
Bydd plant yn yr ysgol yn gofyn
Beth yw rhyfel ?
Byddwch yn eu hateb,
Byddwch yn dweud wrthynt :
Dydy'r geiriau hyn ddim mewn defnydd mwyach,
fel y goets fawr, rhwyflongau neu gaethwasiaeth.
Geiriau heb ystyr mwyach.
Dyna pam y maent
wedi cael eu hepgor o'r geiriaduron."

Hefyd yn y cyfnod hwn ym 1973 cofiwn y tynnwyd milwyr UDA o Vietnam gan yr Arlywydd Nixon.

❖ ❖ ❖ ❖ ❖

16

Yn ein byd gor-brysur, er y medrwn gysylltu mewn eiliadau â ochr arall y byd, yn aml does gennym ddim y cyfle i diwnio i mewn i anghenion dyfnaf ein calonnau ein hunain. Mae problemau yn gallu mynd yn drech na ni. Mor galonogol yw clywed am glust i'n problemau ar unrhyw adeg. Rydym wastad yn hoff o rywun i wrando arnom, a chwedl rhywun mae pawb angen cyffesu wrth rywun. Mae gan mudiad y Samariaid ers 1953 gyda'u rhif ffôn enwog 0345 90 90 90 amser i siarad efo pobl. Maent yno yn wastadol yn delio yn gyfrinachol efo'n cyfyngderau, ac maent yn fodlon gwrando am ba hyd bynnag. Eu harwyddair yw "Beth bynnag rydych yn mynd drwyddo, fe awn ni drwyddo gyda chi." Mae hyn yn gysgod arall o Grist yn ein byd chwim, penchwiban. Mi ddywedodd Einion Evans hyn yn fwy celfydd na fi mewn englyn :

Y Samariaid.

"Weithian a'r gwynt yn chwythu - nos a dydd
a'r storm yn fflangellu
Y rhain ynghanol y rhu
Yw oesol glust yr Iesu."

❖ ❖ ❖ ❖ ❖

17

Ym 1863 ganwyd David Lloyd George ym Manceinion. Ym 1940 cafwyd cyrch awyr ar ddinas Abertawe pan laddwyd 56 o bobl. Fe welwyd hyn gan Waldo Williams

"Uwch yr eira wybren ros
Lle mae Abertawe'n fflam"

Yna fe'i sbardunwyd i gofio am ei dad a'i fam oedd yn dangnefeddwyr i'r carn. Yng nghylchgrawn *"Peacelines"* dois ar draws weddi arbennig iawn.Nid gweddi feddal, syrupaidd, neis neis, pen yn y glustog, ydy'r weddi ganlynol, ond gweddi sy'n ein herio ni oll yn ein gwendidau aml :

GWEDDI I'R TANGNEFEDDWYR.
(Addasiad o waith Andrew Farlow)

Atgoffa ni bob amser, Arglwydd, nad carwyr heddwch sy'n cael eu bendithio ond y rhai sy'n gwneuthur heddwch. Siapia ein bywydau yn fynegiant o'n cred, fel bo eraill yn gweld cyfatebiaeth rhwng yr ystyr i fywyd a arddelwn a'r dull o fywyd yr ydym yn ei fyw. Helpa ni i beidio difetha dim gan gredu na fedri di Dduw gyrraedd rhannau o'n bywyd, gan gredu felly yn anghyflawn ynot.

Pan gadwn yn dawel am y fasnach arfau, gwna i ni sylweddoli fod ein tawelwch yn siarad. Pan y gwrthodwn wneud sylwadau, rydym yn wir yn mynegi barn ; pan ydym yn gwneud dim rydym yn cydymffurfio. Helpa ni i wneud Ti Grist yn ffon fesur ar ein holl weithredoedd.

Diogela ni rhag y nerthoedd diwylliannol sy'n ceisio ein lliwio i gyd â'r un paent er mwyn cydymffurfio â rhyw ddelwedd, ar wahân i d'un Di. Dangos i ni y drwg dan ni yn ei wneud pan rydym yn glastwreiddio neges yr Efengyl, pan y down yn ddrych yn adlewyrchu holl raniadau a chasineb y byd, yn hytrach na ffenest sy'n galluogi i dy gyfanrwydd a dy gariad di dywynnu drwyddo.

❖ ❖ ❖ ❖ ❖

18

Yn y bore mae'i dal hi ! Mae boreau misoedd cyntaf y flwyddyn yn rhai digon anodd codi iddynt, ar ôl holl ruthr y Nadolig. Ond o godi mae bendithion yn dod. Dyma ddywedodd Ambrose Bebb yn ei ddyddiaduron yn Ionawr 1922. "Codi bore a gweithio'n gynnar - dyna'r deubeth gorau i gorff ac enaid dyn. Llawer o ganmol y sydd ac a fu am ddarllen hirnos gaeaf yn ymyl tanllwyth o dân a rhu gwynt ac oerfel a glaw oddi allan. Gwell na hwn ar ei orau ydyw yr un tân ben bore, a'r un golau yn goleuo'r aelwyd, ac â naws ieuanc wanwynol dechrau dydd yn llanw mynwes ac ymennydd. Y mae'r aelwyd hithau'n lanach a'i lludw wedi ei gludo'n gyfan i ffwrdd, a'r tân yntau yn llosgi fel gwr wedi penderfynu o'r newydd i gadw a gwneuthur ei addewidion, a'i addunedau." Darn i'n hysbrydoli yn wir ar foreau anodd Mis Ionawr !

❖ ❖ ❖ ❖ ❖

19

Dathlwn bob cyfathrebu rhwng gwledydd drwy gyfrwng y cyfryngau. Ym 1903 ar y dyddiad hwn gyrrwyd y telegram cyntaf gan Roosvelt i Edward y Seithfed. Meddyliwch sut y mae pethau wedi datblygu ers hynny gyda'r We fyd eang ? Ynghanol y prysurdeb serch hynny, mae'n bwysig hefyd i gymryd hoe, a gwneud amser i chi eich hunan:

ARAFWCH !

(Addasiad o Slow Dance sydd ar lyfrnod Marks of Inspiration)

Ydych wedi gwylio plant
ar chwrligwgan,
neu wrando ar law
yn curo'r ddaear ?
Erioed wedi canlyn hedfan anwastad pili pala
neu edrych ar yr haul yn suddo i'r nos ?
Arafwch wir, peidiwch dawnsio mor chwim,
mae amser yn brin,

daw'r gerddoriaeth i ben.
Ydych yn hedfan drwy'ch dyddiau ?
Pan ofynnwch "Sut dach chi "
glywch chi'r ateb ?
Ar derfyn dydd
a orweddwch yn eich gwely
gyda'r can tasg nesaf
yn gyrru drwy'ch pen ?
Arafwch wir, peidiwch dawnsio mor chwim,
mae amser yn brin,
daw'r gerddoriaeth i ben.

Ydych yn addo i blentyn "Fe wnawn ni yfory"
ar hâst heb weld eu siom ?
Ydych yn colli cysylltiad
gadael i gyfeillach farw
gan nad oedd amser i alw a dweud Sut Mae ?
Arafwch wir, peidiwch dawnsio mor chwim,
mae amser yn brin,
daw'r gerddoriaeth i ben.
Pan redwch mor chwim i gyrraedd y nod
Mae'r hwyl yn y cyrraedd yn cael ei golli'n llwyr.
Pan fynnwch boeni a brysio drwy'ch dydd
mae fel taflu presant heb ei agor.
Nid ras yw Bywyd, arafwch wir,
clywch sain y gerddoriaeth
cyn darfod y gân.

❖ ❖ ❖ ❖ ❖

20

"Mae rhwydwaith dirgel Duw
Yn cydio pob dyn byw ;
Cymod a chyflawn we
Myfi, Tydi, Efe.
...A'n cyfyd uwch y cnawd.
Pa werth na thry yn wawd
Pan laddo dyn ei frawd ?"

(Dyfyniad o 'Brawdoliaeth' Waldo Williams.)

21

T. H Parry Williams a ddywedodd fod darnau ohono ar wasgar hyd fro Eryri, a sonnia am y newid i'w amgylchfyd pan ddaw'r newydd am ei farwolaeth. Ar y dyddiad hwn ym 1935 fe sefydlwyd Parc Cenedlaethol Eryri. Bellach un o brif ffigurau cadwriaethol Apêl Eryri yw'r actor o Gymro Anthony Hopkins. Ymddiddorodd yn yr apêl ar ôl gweld y graith a adawyd gan ddiwydiant ar ei gynefin ym Mhort Talbot. Dyma ddywed :

"Rydym rŵan mewn sefyllfa i wylio dinistr creulon ein treftadaeth naturiol, ac rwyn benderfynol na fydd fy wyrion yn medru dweud ein bod ni'n gwybod beth oedd yn mynd rhagddo - ein bod yn deall y peryglon a'r canlyniadau - ond ein bod ni wedi methu gweithredu. Ein bod ni wedi bradychu ein genedigaeth fraint."

❖ ❖ ❖ ❖ ❖

22

Dau ddyfyniad allweddol a ddarllenais am fyd Gwaith yn ddiweddar. Gyda'r pwysedd yn cynyddu ymhobman, a phopeth yn difrifoli heb fod yn rhaid, cofiwch am y ddau beth pwysig hyn : "Dw i ddim yn byw i weithio, ond yn gweithio i fyw."Mae'r llall mor ogleisiol o wir :"Does neb ar ei wely angau erioed wedi dweud 'Ddylse mod i wedi treulio mwy o amser yn yr offis'."

❖ ❖ ❖ ❖ ❖

23

Ym 1713 ar y dyddiad hwn ganwyd Hywel Harris, tad Methodistiaeth ac Ymneilltuaeth Gymreig yn Nhrefeca, Powys. Ymateb i sefyllfa crefydd heddiw a wna Arthur Evans yn y delyneg i'r Trai :

Nid oedd ond broc yn aros
        Ar ôl y llanw mawr,
A thrai yn llunio traethell
        Ar fore glas y wawr,
Wrth lunio traeth, rhoes fwy nag un
        O lynnoedd bach yn dangos llun.

Mae llawer cafell fechan
Yn rhwydwaith fawr yr Iôr,
Er trai yn para i alw
ffforddolion at eu dôr.
Rhyw lynoedd bach sy'n gariad byw
Mewn byd o drai at bethau Duw.

❖ ❖ ❖ ❖ ❖

24

Dyma ddihareb Sieiniaidd ymarferol tu hwnt :

"Os ydych yn cynllunio am flwyddyn,
heuwch reis,
Os ydych yn cynllunio am ddegawd
plannwch goed,
Os ydych yn cynllunio am oes
addysgwch berson."

❖ ❖ ❖ ❖ ❖

25

Dydd Cariadon Cymru - Gŵyl Santes Dwynwen. Mae lleoliad yr Eglwys er cof am y lleian nodedig hon ar Ynys Llanddwyn yn fan hyfryd iawn. Yng ngorllewin Môn mae'n werth cerdded o'r maes parcio yn y Goedwigaeth draw at yr ynys hudolus a'i llwybrau cregyn, bythynnod a goleudy. Dyma y dyddiad a gysylltir â throedigaeth Sant Paul hefyd, ac ym 1954 fe ddarlledwyd clasur Dylan Thomas "Dan y Wenallt' am y tro cyntaf. Fel petai hynny o ddathlu ddim yn ddigon mae hi'n Ddiwrnod Burns yn yr Alban, ac yn bryd i bawb flasu'r haggis.

"Ye banks and braes o'bonny Doon,
How can ye bloom seo fresh and fair ?
How can ye chant, ye little birds
And I sae weary fu'o'care ?"

Ond dyma olwg ychydig yn wahanol ar yr hen chwedl Gymreig ar gyfer y dydd arbennig hwn : Mae Dwynwen yn swnio'n andros o gês ! Ydech chi'n eistedd yn gyfforddus ? Mi roedd Dwynwen a Maelon yn ffrindiau ond fe bwdodd yr hen Faelon pan wrthododd Dwynwen garu efo fo. Roedd hithau'n poeni ryw dipyn hefyd achos fe weddiodd ar Dduw am help i'w anghofio fo (O!!!!) Wel, fe atebodd Duw ei gweddi drwy roi diod arbennig iddi. Naci ddim Scotch on the rocks, ond diod a oerodd ei chariad tuag at Maelon yn syth. Mae'n rhaid ei bod hi dal yn gweld yr hen Faelon weithiau achos fe lwyddodd i arllwys dipyn o'i chymysgedd rhyfedd i lawr ei gorn clag yntau hefyd.

Dyma lle mae dryswch yn dod yn y stori - doedd cyfansoddiad Maelon ddim mor gadarn â'i hun hi, ac yn lle oeri ei deimlad o, mi drodd yr hen Faelon yn lwmp o rew. Mi fasa Iceland yn prowd ohono. Gyda phob stori dda mae na dri dymuniad yn dod yn rhywle - a chwarae teg i'r hen Ddwynwen doedd hi ddim am iddo dreulio gweddill ei hoes yn y rhewgell. Ei dymuniad cyntaf oedd dadrewi Maelon. Yn ail (ac yn ddigon diymhongar) fe ddymunodd gyhoeddi hi ei hun yn Santes Cariadon Cymru. ac yn drydydd (i goroni'r cyfan) dymunodd aros yn ddibriod. Fyse hi di gallu deud hynny ar ddechrau'r stori yn base ?

❖ ❖ ❖ ❖ ❖

26

Diwrnod Awstralia, i gofio sefydlu trefedigaeth New South Wales. Cofiwn hefyd am yr Aboriginiaid brodorol. Mae un ystrydeb o Awstralia na fedraf beidio ag ymateb iddi - yn bennaf oherwydd dawn y sawl a'i creodd Barry Humphreys. Cyfeirio yr ydw i at y wraig tŷ a mega seren Dame Edna gyda'i morwyn ffyddlon a di-emosiwn Madge Allsop. Mae'r Hunangofiant gan gynnwys hanes cyfarfyddiad Edna a Madge, a'i phriodas efo Norm yn hynod o ddoniol. Hoffaf hefyd y dull y tynnir blewyn o drwyn y cyfryngau gyda'r holl syniad o "fega" seren - pan fydd sêr Hollywood yn cael eu 'darostwng' yn y modd mwyaf doniol ar y rhaglenni teledu. Ac enw'r Hunangofiant ? Beth arall ond *"My Gorgeous Life" (Available in Pauperback.)*

❖ ❖ ❖ ❖ ❖

27

Ym 1926 yn Llundain cafodd y Teledu ei arddangos gan John Logie Baird, a ganwyd Lewis Carroll, awdur "Alice in Wonderland" ym 1832. Fe gofiwn am ei gysylltiadau â Llandudno.

Ond ar y dyddiad hwn ym 1995 ymwelodd y bardd Alan Llwyd â Auschwitz yn y glaw. Ym mlwyddyn cydnabod hanner can mlynedd ers diwedd y rhyfel roedd awyrgylch arbennig o goffad a pharch yno :

Heno, y mae'r glaw uwchlaw Auschwitz
yn diffodd, fesul un, y miliynau o ganhwyllau o gnawd,
a rhes ar ôl rhes o'r rhai a oroesodd
yr uffern ddychrynllyd, yr Isfyd a elwir Auschwitz,
fin hwyr yn ymgynnull fan hyn,
fan hyn ar erchwyn yr archoll, lle mae'r holl ganhwyllau
yn wylo chwe miliwn o ddagrau wrth gynnau'n eu gwêr."

Gwelais addasiad teledu o'r gerdd ac roedd cwymp y dagrau o wêr mewn siot agos ar ddiwedd y ffilm mewn tawelwch llwyr yn hynod o syml ac eto mor effeithiol, fel coffad didwyll y gerdd.

❖ ❖ ❖ ❖ ❖

28

Dyfyniad hynod iawn gan Ernest Hemmingway o *"A Farewell to Arms"*
"Mae'r byd yn torri pawb, ond wedi hynny mae llawer yn gryf yn y mannau gwan."

❖ ❖ ❖ ❖ ❖

29

Ym 1951 bu farw Evan Roberts yng Nghaerdydd - arweinydd y Diwygiad crefyddol mawr yng Nghymru ym 1904. Diolchwn am ei gymunrodd, ac yng ngeiriau J.T Jones :

Iesu da, bydd di'n arweinydd,
hwyr a bore, inni beunydd ;

Ac os daw tymhestlog dywydd,
Rho dy ras yn nerth i ni.

Y geiriau a ysgogodd Evan Roberts yn ei waith oedd : "Plyg ni o Dduw, ac os nad wyt yn ein plygu, torra ni."

❖ ❖ ❖ ❖ ❖

30

Cofir y dyddiad hwn yn ninas Derry Gogledd Iwerddon fel y Sul Gwaedlyd, pan laddodd y fyddin 14 o ddinasyddion ym 1972. Bu'n gyfnod o ymrafael yn Derry ers 1969. Mae cân Phil Coulter yn cofnodi y newid i'r lle

"Pan ddychwelais i,
llifai'r dagrau'n lli
O weld sut y gallent dorri calon tre
Gyda'r bidog a'r tanc
a bywyd llawer llanc
ac ôl y bomiau'n garnedd hyd y lle.
Y milwyr sy yno mwy
Ger wal yr hen waith nwy
ac mae'r weiren bigog ddiawl yn codi'n uwch,
Rhed y tanciau drwy'r Bogside
O Dduw, be maen nhw'n 'neud
I'r dref a gerais i c'yd." *(Addasiad Dafydd Iwan)*

O ganol y llanast fel blodyn ynghanol y diffeithwch daeth Dana ym 1970 â'i chân syml yn cyfeirio at bob math o bethau syml sy'n llonni ein byd *"All Kinds of Everything"*. Daeth hyn â gobaith i'r dref. Soniwyd am y modd y cafwyd gwarchae o fath gwahanol ar y fflat a oedd yn gartre i'r ferch â'i henw yn 'ddireidi' - Dana. Diolchwn am ei llais, a'i thystiolaeth ddoe a heddiw.

❖ ❖ ❖ ❖ ❖

31

Ganwyd Franz Schubert yn Vienna ym 1797 ac fel Keats y bardd fe flodeuodd ei ddawn yn ifanc iawn. Bu'n athro cerdd ond rhoddodd y gorau i hynny er mwyn cael cyfansoddi. Bu'n byw ei fywyd yn chwim, a dim ond 31 oed oedd, pan fu farw yn 1828. Yn eironig un o'i ddarnau enwocaf yw'r Simffoni Anorffenedig.

1

Ar ddechrau Chwefror mae hi'n Flwyddyn Newydd yng nghalendr y Tsieiniaid, ac fel arwydd o hyn fe adewir drysau ar agor i groesawu lwc dda am y flwyddyn i ddod. Ond mae geiriau y lleian Americanaidd Peme Chodron yn ein hatgoffa am bwysigrwydd pob dydd unigol :
"Mae Indiaid y Navaho yn dysgu eu plant bod yr haul sy'n codi bob bore yn Haul newydd sbon. Mae'n cael ei eni eto bob bore, ac yn byw am hyd un diwrnod, gan fachlud fin nos heb ddychwelyd eto. Cyn gynted â'u bod yn ddigon ifanc i ddeall mae'r oedolion yn mynd â'r plant allan ar doriad gwawr ac esbonio mai dim ond diwrnod sydd gan yr haul. Rhaid byw y diwrnod hwn mewn ffordd dda, er mwyn gwneud yn siwr fod yr haul heb wastraffu amser prin. Mae cydnabod mor werthfawr yw bob dydd yn ffordd wych i ail-gysylltu efo'n hapusrwydd sylfaenol."
(The Wisdom of No Escape and the Path of Loving Kindness. Reme Chodron)

❖ ❖ ❖ ❖ ❖

2

Mor aml mewn bywyd rydym yn barod i beidio â mynegi barn rhag ofn i ni dramgwyddo, ac yn aml am resymau rhyfedd iawn rydym yn diogelu pobl sy'n gas efo ni, ac a fuasai yn rhoi cyllell yn ein cefnau ar y cyfle cyntaf. Byddaf yn aml yn teimlo'n wan i'r cyfeiriad yma ond mi gefais fy ysbrydoli gan boster a welais yn ddiweddar :
" Os na safwch dros rywbeth, gallwch syrthio am unrhywbeth. If you don't stand for something you'll fall for anything" sy'n ysbrydoli dyn i fod yn onest, ac i'n bywydau ehangach fod yn dystiolaeth o'r hyn ydym. Ar y dydd hwn ym 1822 y ganwyd Michael D. Jones yn Llanuwchllyn, cenedlaetholwr cynnar ac un o'r rhai a aeth â'r cwch i'r dŵr ynglŷn â sefydlu Gwladfa Gymraeg Patagonia.

❖ ❖ ❖ ❖ ❖

3

Gwelwyd cychwyn ar y Gymuned Ewropeaidd ym 1958. Un o'r sgwarau hynny lle mae pawb o wledydd Ewrop yn cyd-gymysgu'n rhwydd yw Sgwâr San Marco yn Venice. Gwahanol iawn fyddai'r olygfa yn yr hen ddyddiau gyda carcharorion yn mynd dros Bont y Wylofain, ond bellach mae pobl yn dod yno i weld yr em sydd uwch y dyfroedd. Pob dechrau Chwefror fe dry Venice yn wlad o fasgiau ar gyfer y Carnifal lliwgar.

❖ ❖ ❖ ❖ ❖

4

Bu farw y newyddiadurwr Wynford Vaughan Thomas yn Abergwaun ym 1987. Cofiwn ei ddadlau efo Gwyn Alf Williams yn y gyfres "The Dragon Has Two Tongues", ac mai ef oedd un o'r cyntaf i ohebu erchyllterau y gwersylloedd crynhoi. Hefyd hoffais ei ddyfyniad am ei addysg : "Fe ges i fy addysg, nid yn Rhydychen ond yn seddau cefn y Plaza yn Abertawe." Soniodd Kate Adie hefyd wrth wneud ei gwaith nad ydy hi yn gadael i'w hemosiwn hi ddod rhyngddi hi a'r stori. Ond heddiw fe welwn ohebu tabloid syfrdanol, y dylwn ochelu rhagddo, ac fe grynhoir hyn yn y gerdd drawiadol nesaf :

LLUNIAU ECSCLIWSIF.
(Addasiad o gerdd Steve Turner)

Rho luniau da i ni
o'r corff ar dân
sy'n dangos y croen
wedi ei losgi fel cyw iâr,
swigod fel grawnwin.
Bydd yn ein dysgu
i osgoi fflamau.

Rho ffilm afaelgar i ni
o'r wraig ar y dibyn
ac fel y neidia'n geg agored
i daro'r stryd
fel hunan laddiad.
Bydd yn ein dysgu
i ddefnyddio grisiau.

Rho ddelediad lliwgar i ni

o drafferthion Affrica.
Dangosa i ni'r clwyfau diddorol,
y tyllau mewn cnawd.
Bydd yn ein dysgu
i beidio ag anelu dryll.

Rho atodiad pum tudalen i ni
am yr awyren a syrthiodd i'r llawr
fel colomen.
Gwna'n siwr y cyrhaeddi di yno
cyn i'r dioddefwyr gael eu tynnu'n rhydd.
Bydd yn ein dysgu
sut mae injian i fod i weithio.

Paid â rhoi dim o'r hen luniau
sigledig, camcorder rhydd yn y llaw 'na
lle mae'r plant caeth
yn ddim ond siapiau aneglur
a'u sgrechian prin yn dod i'n clyw
oherwydd sgrech y seiren.

Dos i fewn yna gyda'th lensys
a'th archwaeth am berygl,
a'th ben am newyddion caled,
a rho i ni yr hyn dan ni'n dymuno.
Rho i ni dystiolaeth.
Gwna i ni deimlo ein bod ni yno mewn gwirionedd.
Darpara addysg i ni.
Ehanga ein gorwelion.
Dan ni'n byw mewn democratiaeth,
a 'dan ni angen gwybod.

❖ ❖ ❖ ❖ ❖

5

Ganwyd Syr Robert Peel, sylfaenydd yr heddlu ar y dyddiad hwn ym 1788 yn Swydd Gaerhirfryn. Gwnaed y gwaith mawr yn nauddegau'r bedwaredd ganrif ar bymtheg.

❖ ❖ ❖ ❖ ❖

6

Yn Seland Newydd ceir diwrnod cenedlaethol yn flynyddol ar y dyddiad hwn. Mae'n cofnodi cytundeb y Maori efo'r sefydlwyr Ewropeaidd.Mae'r geiriau canlynol yn addas wrth gofnodi'r dyddiad.

"Ar ôl peth amser, dych chi'n dysgu'r gwahaniaeth rhwng dal llaw rhywun, a chlymu enaid rhywun. Mae dyn yn dysgu nad ydy cariad yn blygu, ond yn hytrach yn gefnogi. Dechreuwch fedru derbyn eich colledion gyda gras oedolyn, nid â thristwch plentyn. Penderfynwch adeiladu eich ffyrdd ar heddiw, gan fod tir yfory yn rhy ansicr. Rydych yn helpu rhywun blannu gardd yn hytrach na disgwyl i rywun ddod â blodau i chi. Dych chi'n dysgu fod Duw wedi rhoi y cryfder i chi oroesi,a bod gennych yn wir werth i'ch bodolaeth."

❖ ❖ ❖ ❖ ❖

7

Defnyddiwyd dihareb Tseineeg gan Gymdeithas y Cymod ar eu cardiau cyfarch, a chredaf ei bod yn arbennig iawn ar gyfer wynebu amrywiaeth o sefyllfaoedd : "Mae'n well cynnau un gannwyll na melltithio'r tywyllwch."

❖ ❖ ❖ ❖ ❖

8

Cofiwn am waith da gwirfoddol y rhai hynny sy'n darlledu gwasanaeth Radio yn ysbytai ein gwlad. Mae'r gwasanaeth yn gallu bod yn gysur personol iawn i gleifion. Ysgrifennodd Emrys Roberts englynion i Radio Ysbyty Gwynedd, a thra bûm i am gyfnod ym Mangor cefais innau y pleser o helpu ar y gwasanaeth hwn :

"Miwsig yn ffisig a ffon - i gynnal
Y gwan a'r digalon
Eto'n dwyn i'r sbyty'n don
Awel hafaidd i gleifion.

Pa radio'n well rhag pryder - yn y ward,

Radio'n hwyl a chleber ?
Â'r rhaff hon daw'r corff o wêr
O hen ofn du y dyfnder."

❖ ❖ ❖ ❖ ❖

9

Bu farw Anne Pierce (nyrs yn Ysbyty Maelor Wrecsam) gartref o gancr yn Chwefror 1989. Ysgrifennodd y gerdd ganlynol gan ei bod eisiau i'w theimladau am y farwolaeth o'i blaen fod yn wybyddus i helpu eraill :

Mae marw naturiol
fel genedigaeth.
Dydw i ddim ofn
Peidiwch â bod ofn drosta i
Derbyniwch ef,
fel yr ydw i yn gwneud.

Dydy marw ddim yn haint.
Dyma f'ystafell wely.
Dwi'm isio'r holl geriach meddygol ma.
Dwi'm yn teimlo'n sâl.
Dwi'n marw.
Wna i ddim gwella.

Dw i isio gwneud dewisiadau.
Dw i isio tabledi
sy'n mynd â'r boen ymaith yn unig.
Dw i angen gweld pethau yn glir
Dw i angen pob gronyn o wybodaeth.
Dw i isio i chi barchu
fy mhenderfyniad i wrthod triniaeth.
Gadewch i natur gymryd ei gwrs.

Mi fydda i yn marw gartref,
onibai fy mod yn faich
ac yn rhy ddryslyd.
Dwi'n ymddiried y penderfyniad
i'r nyrs sy'n ymweld.

Fy nheulu, fi fy hun, a'r nyrs sy'n ymweld
yw'r unig rai
sy'n cyfri.

❖ ❖ ❖ ❖ ❖

10

Ynghanol llymder ein Chwefror cofiwn bod eraill yn y byd yn dawnsio ac yn cael haf. Corroboree yw enw'r ŵyl ddawns a gynhelir gan Aboriginiaid Awstralia, i sain offeryn chwyth arbennig y didgeridoo. Hefyd yn Nhrinidad ar y Sul cyn Dydd Mercher y Lludw cynhelir Carnifal Plant lliwgar. Mae'r plant lleiaf hyd yn oed yn gorymdeithio mewn gwisgoedd lliwgar tu hwnt, yn y gobaith o gael y teitl o frenhines neu frenin y band.

❖ ❖ ❖ ❖ ❖

11

Dotiaf bob amser at y pennill traddodiadol am Grempog. Mae clywed côr o blant Ysgol Gynradd yn ei chanu hefyd yn arbennig :

Modryb Elin ennog,
Os gwelwch chi'n dda ga'i grempog ?
Cewch chwithau de, a siwgr gwyn,
A phwdin lond eich ffedog.
Modryb Elin ennog,
Mae ngheg i'n grimp am grempog;
Mae mam yn rhy dlawd i brynu blawd,
A Siân yn rhy ddiog i nôl y triog,
A nhad yn rhy wael i weithio;
Os gwelwch chi'n dda ga'i grempog ?

❖ ❖ ❖ ❖ ❖

12

Gwelais boster mewn siop o Weddi hyfryd Sant Ffransis o Assissi yn rhoi blaenoriaethau i ni. Cyfeirwyd ati ar dop y poster fel *"Simple Prayer"* ac roeddwn yn anghytuno'n llwyr. Efallai ei bod hi yn syml i'w deall ond mae ei gweithredu hi yn anodd iawn. Dyna'r her :

"Bydded cariad lle bu casineb,
Bydded gobaith lle bu annobaith
a lle y bu amheuaeth bydded ffydd
Bydded cysur lle bu galar
A llawenydd lle bu tristwch
A lle bu tw'llwch megis nos boed goleuni megis ffydd."
(addasiad Tecwyn Ifan)

❖ ❖ ❖ ❖ ❖

13

Darlledwyd darlith Saunders Lewis "Tynged yr Iaith" ym 1962 ar radio BBC. Arweiniodd hyn at ffurfio Cymdeithas yr Iaith Gymraeg - mudiad protest sydd wedi ennill llawer i Gymru dros y blynyddoedd ac wedi glynnu at heddychiaeth at bobl yn gyfangwbl a dieithriad. Esgorodd y chwedegau ar anthemau fel y canlynol gan Dafydd Iwan

Rwy'n gwybod beth yw rhyddid,
Rwy'n gwybod beth yw'r gwir,
Rwy'n gwybod beth yw cariad
At bobol ac at dir ;
Felly peidiwch â gofyn eich cwestiynau dwl,
peidiwch edrych arna i mor syn
Dim ond ffwl sydd yn gofyn
Pam fod eira yn wyn."

❖ ❖ ❖ ❖ ❖

14

Gŵyl Sant Valentine ac esgus i lawer o Gymry gael gŵyl garu arall! Dyma un dywediad i ysbrydoli :

*"The Love in your heart
wasn't put there to stay,
Love isn't Love
till you give it away."*

Ac ymhellach yn Ffrangeg un o fy hoff alawon yw Plaisir d'amour a'r geiriau:

"Plaisir d'amour ne dure que moment
Chagrin d'amour dure toute la vie."

❖ ❖ ❖ ❖ ❖

15

Un o gytganau enwocaf De Affrica a'r daith at ryddid yno oedd cân boblogaidd Labi Siffre sydd bellach yn byw yn Y Fenni.

"Rhywbeth o'n mewn mor gryf,
Daeth gwawr yfory newydd,
mewn undod codasom lef.
Fe geisiwyd ein difa'n llwyr (o do)
ond roedd rhywbeth tu mewn mor gryf."

❖ ❖ ❖ ❖ ❖

16

Darganfuwyd trysorau Tutankhamen yn yr Aifft ym 1923 gan Arglwydd Caernarfon a Howard Carter. Tutankhamen oedd brenin yr Aifft tua 1360 - 1350 Cyn Crist. Yr hyn oedd yn nodedig oedd fod y trysorau heb eu cyffwrdd ac wedi eu gwarchod yn y beddrod.

❖ ❖ ❖ ❖ ❖

17

Paham mae dicter, O Myfanwy,
Yn llenwi'th lygaid duon di,
A'th ruddiau tirion, O Myfanwy,
Heb wrido wrth fy ngweled i ?
Pa le mae'r wên oedd ar dy wefus
Fu'n cynnau 'nghariad ffyddlon, ffôl ?
Pa le mae sain dy eiriau melys
Fu'n denu 'nghalon ar dy ôl ?

Pa beth a wnes i, O Myfanwy
I haeddu gwg dy ddwynidd hardd ?
Ai chwarae oeddit, O Myfanwy,
A thannau euraidd serch dy fardd ?
Wyt eiddo im drwy gywir amod -
Ai gormod cadw'th air i mi ?
Ni cheisiaf fyth mo'th law, Myfanwy,
Heb gael dy galon gyda hi.

Myfanwy, boed yr oll o'th fywyd
Dan heulwen ddisglair canol dydd,
A boed i rosyn gwridog ienctid
Ddawnsio ganwaith ar dy rudd
Anghofia'r oll o'th addewidion
A wnest i rywun 'ngeneth ddel,
A rho dy law, Myfanwy dirion,
I ddim ond dweud y gair, Ffarwel.

Y gân serch enwocaf yn y Gymraeg mae'n siwr, a geiriau gwych ydynt. Ond peidiwn ag anghofio y cerddor dawnus a roes i ni'r alaw enwog - Dr Joseph Parry a fu farw ym 1903 ar y dyddiad hwn ym Mhenarth. Cafodd yrfa liwgar ac ymfudodd efo'i rieni o Ferthyr Tudful i Danville, Pennsylvania.

❖ ❖ ❖ ❖ ❖

18

Darganfyddwyd y blaned Pluto ym 1930 ac mae hi'n Wythnos Genedlaethol Wyddoniaeth. Ynghanol y darganfyddiadau a realaeth yr oes cofiwn hefyd ei bod hi'n dal yn fyd o ddelfrydau :

"Ar fryniau Bro Afallon
mae pawb yn siarad Cymraeg
Llythyrdy ar ddrws pob Swyddfa Bost
Does dim sôn am Dafod y Ddraig.
Mae'r enwade i gyd wedi uno
A'r siope'n gwerthu popeth am ddim
O bois rhaid mynd am dro i'r nefolaidd fro
lle mae'r merched O! mor hardd

i ddenu calon bardd
ar fryniau Bro Afallon."
(Dafydd Iwan).

❖ ❖ ❖ ❖ ❖

19

Ynghanol tywydd elfennol Chwefror cofiwn am bwysigrwydd yr elfennau i Maya Angelou, y bardd croenddu â'r bersonoliaeth fawr - a hynny bob bore newydd.

ADDASIAD O RAN O *"ON THE PULSE OF MORNING"*

Craig, Afon a Choeden
Rhagflaenwyr rhywogaethau a ddiflanodd ers yn hir,
welodd y mastodon,
y deinosor, a adawodd olion sych
o'u harosiad byr yma
ar lawr y blaned,
Mae unrhyw rybudd uchel o'u tynged chwim
wedi ei golli yn nhristwch llwch ac oesoedd.

Ond heddiw, mae'r Graig yn gweiddi arnom, yn eglur,
yn rymus
Dowch, cewch sefyll
ar fy nghefn a wynebu eich tynged bell.

Ond peidiwch â cheisio hafan yn fy nghysgod,
Wna i ddim cynnig lle i guddio i lawr yma.

Dach chi, a greuwyd ychydig yn is
na'r angylion, wedi cuddio'n rhy hir
yn y tywyllwch sy'n cleisio,
wedi gorwedd yn rhy hir
gan guddio'ch wynebau mewn anwybodaeth,
eich cegau'n arllwys geiriau

Wedi'ch arfogi at y lladdfa.
Mae'r Graig yn llefaru wrthym heddiw,
Gallwch sefyll arna i ;

Ond peidiwch â chuddio'ch wyneb.

Ar draws wal y byd,
Mae Afon yn canu cân hardd. Dyma'r gytgan
Dewch, a gorffwys yma ar fy nglan.

Dach chi bob un, yn wlad wedi ei ffinio
Yn fregus ac eto yn rhyfedd yn llawn balchder,
ac eto yn bwrw ymlaen drwy'r amser o dan ymosodiad.
Mae eich ymrafael arfog am elw
wedi gadael coleri o wastraff
ar fy nglannau, sawl cerrynt o wastraff ar fy mron.
Eto heddiw fe'ch galwaf at lan fy afon,
os yr ydych yn addo astudio rhoi'r gorau i ryfel.

Dowch wedi'ch gwisgo mewn heddwch
ac mi ganaf i y caneuon
Y canodd y Creawdwr i mi pan oeddwn i
a'r Goeden a'r Graig yn un.
Cyn i sinigiaeth ddatblygu'n ôl gwaedlyd ar draws eich talcen
A phan y gwyddech nad oeddech eto'n gwybod dim.
Canai'r Afon, ac y mae hi yn dal i ganu."

❖ ❖ ❖ ❖ ❖

20

Mae gan rhai pobl rywsut y cyfan yn does ? Fel y dywedodd un o'i chyd-weithwyr am Julie Andrews : "Mae hi'n bartner tenis i bawb, eu merch, eu chwaer, eu mam - Mae gweithio gyda Julie fel cael eich bwrw dros y pen gyda cherdyn Sant Ffolant."

❖ ❖ ❖ ❖ ❖

21

Ym 1907 ganwyd W.H Auden awdur fy hoff gerdd yn y Saesneg, yng Nghaerefrog : *Funeral Blues*. Yn ei golled dywed y bardd

"The stars are not wanted now; put out every one ;
Pack up the moon and dismantle the sun ;

Pour away the ocean and sweep up the wood ;
For nothing now can ever come to any good."

❖ ❖ ❖ ❖ ❖

22

Mae dyfyniadau am fyd y Sêr ffilm yn drawiadol iawn ar adegau, ac yn y 30au a'r 40au roedd cyhoeddusrwydd MGM yn honni bod ganddynt fwy o sêr na'r ffurfafen. Dyma un neu ddau trawiadol : "Teganau sy'n cael eu gwneuthuro, nid sêr" yn ôl Joan Crawford. Meddai Cary Grant a anwyd Archibald Leach -"Roedd pawb eisiau bod yn Cary Grant. Roeddwn i hyd yn oed eisiau bod yn Cary Grant !" Un o'm ffefrynnau gan y llenor W. Somerset Maugham - ac mi fydda i'n meddwl llawer am hwn ar ôl gweld Teithiau Universal Studios a Granada ym Manceinion, neu stryd Cwmderi yn BBC Caerdydd :
"Mae'n beryglus i adael y cyhoedd y tu ôl i'r llenni. Maen nhw'n cael eu dadrithio yn hawdd, ac maent yn ddig hefo chi, gan mai'r hudoliaeth roeddent yn ei garu."

❖ ❖ ❖ ❖ ❖

23

Ar y dyddiad hwn ym 1685 y ganwyd Handel, y cerddor a'r athrylith a roddodd i ni y cyfanwaith a'r campwaith "Meseia", a berfformiwyd am y tro cyntaf yn Nulyn. Ynddo tystiodd i'r Cynhaliwr Cadarn :

"Pa fodd y traethwn ei ogoniant Ef
A roes i'r ddaear olau clir y Nef ?
Ni all mesurau dynion ddweud pa faint
Yw'r gras a'r rhin, a gwerth y nefol fraint ;
mae pob cyflawnder ynddo Ef ei Hun,
mae'n fwy na holl feddyliau gorau dyn.
Moliannwn Ef, Cynhaliwr cadarn yw,
y sanctaidd Iôr a'r digyfnewid Dduw."

(W. Rhys Nicholas)

❖ ❖ ❖ ❖ ❖

24

Cynhelir Gŵyl arbennig gan bysgotwyr yr hil Kebbawa yng ngogledd orllewin Nigeria, er mwyn dathlu dechrau'r tymor pysgota. Daw pawb â'u hoffer, a rhwydi pysgota pili palas gyda hwy. Yna mae pawb yn neidio i'r afon gyda'r bwriad sumbolaidd fod y pysgod yn cael braw ac yn peri bod y rhwydi yn llawn. Beth amdani bysgotwyr?

❖ ❖ ❖ ❖ ❖

25

Dyddiadur arferol o Dywyn Abergele, ar benwythnos anarferol y dilyw:

Dydd Sul, Chwefror 25ain, 1990.

Bae Cinmael : "Dydd Sul arferol o lanhau'r ty, golchi dillad a smwddio. Cafodd y plant ddechrau diog i'w dydd, yn gwylio'r teledu. Roedd hi'n oer, ond doedd hi ddim yn rhewi. Roedd na law mân yn yr awyr. Roedd gwynt yn chwythu yn rhy gryf i fedru rhoi'r pegiau golchi ar y lein.

Roeddwn i'n gwneud nodiadau ynglŷn â phethau i'w gwneud yn ystod yr wythnos, fel cael gweithwyr i atgyweirio'r tŷ gwydr, a ffenestri'r garej a dorrwyd gan stormydd fis Ionawr.

Roeddwn i'n gallu clywed y gwynt weithiau yn codi'r tŷ gwydr, yn dwrdio ac ysgwyd y gwydr oedd ar ôl ynddo.

Cawsom ein swper gyda fy rhieni. Bu fy nhad allan am dro y prynhawn hwnnw. Roedd o wedi bwriadu cerdded ar y twyni ym Mae Cinmael. Fe gerddodd o cyn belled â St Asaph Avenue, heibio Comet ac Asda, ond penderfynodd beidio â mynd dim pellach. Sŵn y môr a chryfder y gwynt oedd mor ddychrynllyd. Fe aeth y gwynt yn gryfach wrth i'r noson fynd yn ei blaen."

❖ ❖ ❖ ❖ ❖

26

Mae fy nhad yn meddu ar synnwyr digrifwch arbennig ar adegau, fel ei benillion dychan i helpu unrhyw un sy'n trefnu Dathliad Gŵyl Ddewi :

Bu dadlau brwd yn y pwyllgor

Sut i ddathlu a chofio'r Ŵyl -
A'r pryderon dwys am arian
Fel arfer yn codi hwyl.

Rhesymai'r Cadeirydd yn bwyllog
Pwysleisiai wacter y pwrs.
Haerai fod materion pwysicach
Yn galw am chwaneg o sgwrs.

Erfyniodd yn daer am gynigiad
I symud y broblem i ffwrdd,
A chododd Pwyllgorddyn pwysig
O'r gadair wrth ben y bwrdd.

Fe wyddai pawb am ysgafnder
Ei areithiau gwyntog hir -
Un gwag gynddeiriog ei gorun,
Heb gael gafael ar ddim yn glir.

Pesychodd - edrychodd o'i gwmpas,
I greu'r awyrgylch iawn.
"Rwyf fi Mister Chairman" meddai
"yn deall y problem yn iawn.

Rwyf fi wedi bod ers blynyddoedd
Yn setlo problems yr Iaith -
Mae angen touch o wlatgarwch
At times i hyrwyddo'r gwaith.

Mae Gŵyl Dewi Sant yn un pwysig
I'r Cymry wrth ochor y ffin -
Mae nhw'n sôn o hyd am Glawdd Offa
A'r Sacsoniaid anodd eu trin.

Felly, Mister Chairman, dwi'n cynnig
Ein bod ni'n ymdrechu yn awr
I dangos ein bod ni yn Cymry
A'n traed i gyd ar y llawr."

Arhosodd am ennyd - pesychodd,
Ac yna cododd ei lais -

"Rhaid prynu Draig Goch a'i dangos
Cyn daw'r extremists i bwyso'u cais.

Mae'r fflag yn pwysig i Cymru
Pan mae emotions yn codi hwyl -
Caiff chwifio am sbel gyda'r Union Jack
trwy gydol dydd yr Ŵyl.

A beth am Cenhinen Bedr
Y blodyn bach clysa rioed -
Rhaid cael un bob un - a'i sticio
Yn nhwll bach y gôt yn ddi-oed.

A mae Music hyfryd yn Cymru
Sy'n famous ar draws y byd -
Gwahoddwn hen Dafydd i'r Chambers
I canu Den ni Yma o Hyd.

Ac yna mi fydda i'n dawel,
Er bod yr arian yn brin,
Ein bod wedi cofio'r hen Dewi -
A bod pawb yn ddyledus in."

(Lewis Evans)

❖ ❖ ❖ ❖ ❖

27

Gweddi Grawys.
Arglwydd Iesu, daethost i'n hachub ni o'n pechodau,
Ymprydiaist i'n hannog ni i ddioddef pennyd.
Dioddefaist demtiad i roi cryfder i ni,
fe'th weddnewidiwyd Di i roi gobaith i ni.
Dioddefaist sarhad i ddod â Iechydwriaeth i ni.
Dioddefaist y gwewyr yn yr ardd i'n cryfhau ni mewn gweddi.
Cariaist dy groes i'n hachub ni.
Fe'th hoeliwyd i'r groes er mwyn i ni gael bywyd tragwyddol.
Derbyniaist farwolaeth er mwyn i ni gael byw gyda thi.
Dysg ni i'th garu â'n holl galon

ac i ddangos ein cariad drwy garu eraill.
Helpa ni i ddod â'th newyddion da i'r byd,
a galwa ni i fod yn bobl y golau.
(Cymdeithas Additional Curates : Lent Prayer 1991)

❖ ❖ ❖ ❖ ❖

28

Oriau'r nych a wariai'r nerth - drwy aea
Hir, a'i droeon anferth ;
Ond daw rhuddin i'r dinerth
A'r oen bach i ddrain y berth.

Ar fynydd daw gwawr fwynach - a dyddiau
O liwiau goleuach;
A gwynt â thôn radlonach -
Beth yw byw heb obaith bach ?
(Awdl y Gwanwyn - Siôn Ifan, Llanegryn)

❖ ❖ ❖ ❖ ❖

29

Ceir Pedwar Tymor yn ôl Shakespeare i ymwneud dyn ar y ddaear, a dyma ei ddarlun o'r Gwanwyn yng nghyfieithiad J.T Jones :

"Yn gynta'r baban,
yn mylu ac yn slefru ym mreichiau'i fam,
Ac yna'r crwtyn gwichlyd, gyda'i satsiel
A'i sgleiniog fore wedd, yn llusgo draw
Fel malwen tua'r ysgol. Yna'r llanc
Ochneidiol boeth, sy'n gwneud galarus gân
Am ael ei gariad."

❖ ❖ ❖ ❖ ❖ ❖ ❖ ❖ ❖ ❖

1

Mae'r gerdd ganlynol gan fardd o Seattle UDA sy'n ddisgynydd Cymraeg - Jennifer Nightingale - yn rhoi perspectif newydd i ni ar ddydd Gŵyl ein Nawddsant ynglŷn â pherthyn a gwreiddiau :

LLE UNWAITH Y BU'R GALON.
Addasiad Cymraeg o gerdd JENNIFER NIGHTINGALE.
(I ddathlu canmlwyddiant sefydlu Eglwys Bresbyteraidd Gymraeg Seattle (1889 - 1956). I Gwen Owen Helm a adawodd i mi ddod draw i'w heglwys. Fe fu'r eglwys yn gartref iddi yn ei phlentyndod.)

Does dim yno'n awr lle unwaith y bu'r galon.
Dim byd ond blwch miniog , yn codi'n anfoesgar
o ochr y llwybr cerdded,
yn tresmasu.

Does dim modd dweud lle arferai'r grisiau fod
Dim darn cysegredig o dir i sefyll arno.
Roedd hwn i fod yn dreftadaeth i ni
yn gartref i ni ei drosglwyddo ymlaen.

Cofio
fel y daethom oll at ein gilydd
i fod yn dystion
i fedydd a phriodas yma,
a marwolaethau oedd yn rhy anodd
i'w hwynebu
ar ein pennau ein hunain.

Wrth gwrs fe ganem ar y Suliau
ac ar gyfer yr adegau tyngedfennol
fe gododd y gân o'n dyfnder,
gan olchi trosom ac adleisio
allan i strydoedd y ddinas.
Daeth â ni at ein gilydd,
golchodd ein chwerwder a'n poen
ac ar adegau, fel cerrynt na ellir ei reoli
fe'n darniodd ni,ond hefyd
fe'n cariodd ni.

Bob blwyddyn daeth pererinion Cymraeg
mewn Greyhound wedi ei logi
o Vancouver, Renton ac Elmira
Spokane a Black Diamond.
Côr ar amrantiad.
"Croeso Mr Thomas. Sut mae Mr Jones ?'
Ysgwyd llaw ymhobman a llygaid ar dân
Helo Mr Parry, dech chi di gweld Mr Pritchard ?
Dach chi'n cofio fy ffrind ?
Ac yna un AMEN dwfn, byrlymus yn taro,
a Chymanfa Ganu arall wedi cychwyn.
"O am aros, O am aros,
yn ei Gariad ddyddiau f'oes"
yr adlais yn bwydo'r enaid a chyffwrdd y galon.
Cafwyd bedydd i'r corff cyfan
yn yr harmoni pleth hwn.
Yna i lawr grisiau at fyrddau o wyn
a gwledd o gig moch, cacennau a phaneidiau o de,
a phopeth yn wledd i'r llygad
wrth fwydo'r teulu Cymreig.

Priododd rhai a symud i ffwrdd,
Gadawodd Angau a difaterwch ei ôl,
ond roeddem wastad wedi disgwyl i'r Eglwys aros.
Roedd wedi'n priodi ni, ein cadw ni a'n claddu ni.
Hwn oedd yr haul y trôdd ein creadigaeth o'i gylch,
gwarchodwr ein hiaith
lle i leddfu poen dibaid yr hiraeth
cysgodfan rhag glaw y gaeaf
Lle'r oedd Ysbryd mawr Duw yn byw oddi mewn
ac yn gymorth i ddyfrio ein pechod.

Yna o du ôl i ddrysau caeedig mewn mannau eraill
o gegau dieithriaid -
dywedwyd nad oedd yn eglwys o gwbl.
Man chwarae ethnig heibio ei orau
hanner llawn, neuadd gymdeithas efo thŵr
a gwydr lliw.
Yna penderfynwyd ei dynged
a gwerthu'r safle yn rhan o ystad.

Ond cofiai pawb yn agos a phell
y gerddoriaeth soniarus gynt,
yr ysgythriad efydd yn deyrnged i'r Hogia
fu farw yn y Rhyfel Gynta.
Cofio'r organ yn llawn ei mawl,
y tebotiaid enfawr o de yn gorlifo
Cennin pedr, tsiena a hambyrddau arian.
Cofiwyd ein cymdeithas o Gymru -
Mr Pritchard a Mrs Hughes
a'r wynebau oll a lanwodd y seddau
Corau yn cerdded yn hamddenol adre
a'u tôn o'r galon yn felys a llawn.

Daeth cri y brotest yn rhy hwyr,
gyrrwyd gŵr i drafod
cyfaddawd gwag.
Doedd y waedd anafus a atseiniodd
ddim yn cael clust yn unlle
a chofir y boen drasig byth ers hynny.

Ond fe ddeil cryfder o gofio,
gall y geiriau helpu i chi weld
heibio'r blychau ar y llwybr cerdded, a heibio'r blynyddoedd
sydd wedi treiglo.
Yn yr eiliad honno o gofio
bydd eto
yn ein mysg ni
y dreftadaeth a fwriadwyd.

❖ ❖ ❖ ❖ ❖

2

Yn nhymor y ciniawa Gŵyl Ddewi gofynna Geraint Jarman yn un o'i gerddi :
"Beth yw ystyr esgyrn Mawrth y cynta ?
Eisteddfodau'r plantos, y ciniawa brwdfrydig,
y dathlu seciwlar,
a'r Cymry undydd yn mwynhau'r canu ?"

Yna mae'n cynnig ateb, a neges addas i ni ar gyfer unrhyw Ŵyl Dewi :

"Busnes llawn amser yw bod yn Gymro heddiw.
Felly yng nghwmni egni dy bresenoldeb hanesyddol,
gad i ni efelychu dy ffydd yn y ddynoliaeth
er mwyn diogelu'r dyfodol,
a chael teimlo'r ddaear yn codi oddi tanom."

❖ ❖ ❖ ❖ ❖

3

Ymhell yn ôl roedd y Siapaneaid yn defnyddio doliau lliwgar i yrru ysbrydion aflan heibio. Mae merched Siapan yn dal i ddathlu Gŵyl y Doliau ar y dydd hwn, gan greu llys brenhinol gyda tua pymtheg o ddoliau. Mae'r rhain yn cael eu harddangos gyda thaeniad o ddefnydd coch odditanynt.

Dyma sut y gwêl Joyce Grenfell wanwyn ei bywyd yn ei cherdd i Amser :

"Pan ron i'n ferch, roedd 'na wastad amser,
roedd na wastad amser rhydd i'w dreulio,
amser i eistedd yn yr haul,
ac yn ddiffael
fe ddiogem ac ymbinciem,
byddem wrthi'n gwnio
a chadw'n dyddiaduron i'r diwrnod,
a brwsio gwalltiau
a sgwennu nodiadau bach
a'i chychwyn hi am bicnic
a dawnsio, dawnsio, dawnsio, dawnsio.
Pan ron i'n ferch roedd na wastad amser rhydd i'w dreulio.
Diolch i Dduw."

❖ ❖ ❖ ❖ ❖

4

Ar y diwrnod y ganwyd Vivaldi cerddor mawr dinas y dŵr Venezia ym 1678 cofiwn hefyd bod arlliw o Wanwyn ei bedwar tymor yn y gwynt. Ym 1857 fe ymddangosodd rhifyn cyntaf "Y Faner".

Ym 1824 dechreuwyd yr RNLI. Yn Ysgol Bermo arferid canu "Eternal Father strong to Save" gennym fel plant bach, a bob tro byddaf yn ei chlywed neu yn ei chanu, byddaf yn cael rhyw ias plentyndod yn ôl -
"For those in peril on the sea". Rhyfeddod oedd gweld y Bad Achub yn mynd am y môr, a'r ergydion cyn hynny yn crynu'r dref fechan i'w sail. Gwirfoddolwyr yw criw y bad achub ac mewn blwyddyn yng Ngwledydd Prydain maent yn delio â thros 600 o alwadau mawr a bach. Diolch am eu dewrder a'u gallu i roi eraill o flaen eu budd bersonol.

❖ ❖ ❖ ❖ ❖

5

Cofiwn mor bwysig yn y cyfnod yma o ddathlu Gŵyl Ddewi a gwledda yw y gallu i chwerthin arnom ni ein hunain fel cenedl. Yn aml rydym yn cymryd ein hunain yn llawer gormod o ddifri. Cofiwn fel y dywed Mei Jones yn ogleisiol am yr hogyn ysgol o ardal y Glannau :

"Yn byw a cicio mae iaith ein gwlad fy dadau,
A fy mamau, marcia di fy geiriau"
Ac yna'r cwestiwn mawr :
"Ma fe ddim yn iawn i'r iaith just marw allan,
Rhaid stopio'r moch rhag mynd i'r gwinllan,
Rwan dden,
Gyn ti cariad i dy heniaith ?
Gyn ti sbo' meddal i dy mamiaith ?
Gyn ti ?
Gyn ti ddim ?
Fi'n gwybod ti gyn !"

❖ ❖ ❖ ❖ ❖

6

Ym 1475 ganwyd Michelangelo yn Florence, a bu yntau a'i ddinas genedigol yn rhan o'r Dadeni ym myd Celf. Meithrinwyd ei dalent gan Lorenzo de Medici ac am gyfnod bu Leonardo da Vinci, Raphael a Michelangelo yn cydweithio â'i gilydd yn ninas Florence.

Un o weithiau enwocaf Michelangelo yw'r ffrescos enwog yn y Capel Sistine yn Rhufain, un o nenfydau enwocaf y byd. Hefyd mae'r cerflun o Dafydd wedi ei ddisgrifio fel "grymus, llawer rhy rymus i edrych arno". Bu'n gweithio am ddwy flynedd a hanner ar y cerlfun marmor hwnnw, ac fe'i gwelir yn Academi y Celfyddydau Cain yn Fflorens.

❖ ❖ ❖ ❖ ❖

7

Sefydlwyd Beibl Gymdeithas ym 1804 oherwydd dylanwad Thomas Charles o'r Bala, a thaith Mari Jones ato am Feibl. Cofiwn am eiriau Thomas Charles :
"Y mae meddu Beibl yn cynhyrchu teimladau nad oes dim arall yn y byd yn medru cynhyrchu ei debyg ...... Gwelais rai ohonynt wedi eu llorio gan lawenydd ac yn beichio crïo mewn diolchgarwch wrth iddynt gael Beibl iddynt eu hunain i'w ddefnyddio fel y mynnent. Cerddai llancesi ifanc dros ddeng milltir ar hugain yn y gobaith y cânt Feibl pob un gennyf, ac yn dychwelyd adref gyda mwy o lawenydd a diolchgarwch na phetaent wedi cael ysbail lawer."

❖ ❖ ❖ ❖ ❖

8

Dyma Ddiwrnod Rhyngwladol Gwragedd. Ym mis Medi 1995 cyhoeddodd Gwasg Prifysgol Rhydychen fersiwn newydd o'r Beibl oedd yn gofalu bod yn "wleidyddol gywir" ynglŷn â phopeth. Yn fy marn i gall fynd dros ben llestri Addaswyd y Testament Newydd yn llwyr - Gellid darllen Ein Tad neu Ein Mam ar ddechrau Gweddi'r Arglwydd, Mab y Dyn yn *"the human one"*, ysgubwyd unrhyw honiadau fod yr Iddewon wedi lladd Crist. Dyna dri enghraifft yn unig. Maent yn ddiddorol, ond i mi yn arwynebol. Oni ddylem feithrin parch tuag at ein gilydd bob dydd o'r flwyddyn a mawrygu ein hunain a'n talentau boed wraig neu ŵr bob dydd o'r flwyddyn? Pa wahaniaeth mae hepgor Ef neu Efe o Salm 23 yn ei wneud i'n bywydau go iawn ni a'n perthynas â'n gilydd sydd i fod yn fwy trawiadol na'r arwynebol bethau hyn?

❖ ❖ ❖ ❖ ❖

9

Ar y dyddiad hwn ym 1843 y gorffennodd y Fonesig Charlotte Guest ei chyfieithiad o'r Mabinogion i'r Saesneg. Cyfieithiad a barodd bod pobl drwy'r byd yn dod i wybod am chwedloniaeth Cymru. Yn aml pan ymwelwn â gwlad dramor fe ddotiwn at ei mytholeg neu ei hanesion, heb wybod am ein chwedloniaeth ni ein hunain. Mae ysgolion Cymraeg mewn ardaloedd seisnigedig yn gwneud gwaith mor bwysig yn dod â Mabinogi yn ôl i'r Mers, a'n chwedloniaeth ninnau eto'n fyw mewn talcen caled.

❖ ❖ ❖ ❖ ❖

10

GWEDDI AM YR HYN NAD YDYM YN EI WNEUD.

Gweddiwn o Dduw am yr hyn nad ydym yn ei ddweud,
y Cariad nad ydym yn ei ddangos,
y dicter na allwn ei wyntyllu.
Cyflwynwn ef i gyd i Ti rŵan gan ofyn i ti yn garedig i ddelio gydag o.
Maddau i ni gymaint yr ydym yn colli allan arno
rhyngom ein gilydd
ar daith fer bywyd, drwy wrthod dod i nabod ein gilydd yn dda.
Cofia y gofal na roesom, y pethau na ddywedwyd,
y weddi a atebwyd na fuom ddigon diolchgar ohoni.
Nertha ni o'n bychander i godi uwchlaw cymylau ein cyfnodau
a bod yn gyswllt byw i'th Gariad yn y byd,
ac yn ffynnon fywiol i ddrachtio ohoni.

Am yr ystyr na roesom,
y dyfnder na cheisiasom,
am aros ar arwyneb bywyd, Dduw,
maddau i ni.

Par i ni fod yn fwy ystyriol
a gwneud y pethau bach
sy'n dangos ein bod am wneud, dweud , gweld a theimlo
y Pethau Mawr.

Amen.

11

Persawr Ôl-eillio.

Os wyt Gymro hoff o'th bryd
        A hoff o ferched tlysion,
'Rôl eillio taena bersawr drud
        Fel Brut y Tywysogion.

Alun Davies, Bwlchgwyn.

❖ ❖ ❖ ❖ ❖

12

Dadorchuddiwyd cerflun anferth Crist yr Andes ar y mynyddoedd rhwng Archentina a Chile ym 1904. Corona'n uwch na ni feidrolion. Mawr fu'r sôn am bortread Madonna a Jonathan Pryce (y Cymro o Dreffynnon) o Eva Peron a Peron yn "Evita". Canmolwyd y cyfarwyddwr Alan Parker gan feirniad am greu ffilm gofiadwy o stori anodd. "Pan edrychwch ar y stori mae am hwren sy'n helpu ffasgydd o unben i ddod i rym.... mae hi'n codi llawer o bres i elusennau, gan rhoi ei hanner yn ei chyfri banc ei hun." Testun trafod.

❖ ❖ ❖ ❖ ❖

13

Y dyddiad y bydd yr enw Dunblane wedi ei serio ar ein cof am byth a'r drasiedi a chyflafan i ddosbarth a'u hathrawes. Pan ddaw tymor Eisteddfod Cylch a Sir yr Urdd fe gofiaf bob tro am y tawelwch hwnnw gawsom ni i gofio am drychineb erchyll Dunblane yn ystod un Eisteddfod lleol. Cofiaf hefyd eiriau Ceri Wyn Jones i ddisgrifio'r digwyddiad
"Un graith rhy fawr i'r sgrîn". Am unwaith fe fu'r cyfryngau tabloid a safonol, teledu a radio, lleol a byd eang yn gyfrifol - yn y preifatrwydd a roesant i'r teuluoedd yn eu galar.

Mewn rhaglen ddogfen gyfrifol iawn flwyddyn ar ôl y gyflafan gwelwyd dewrder y rhieni yn dod at ei gilydd i ffurfio grŵp cefnogi arbennig iawn. Dyna ddewrder y fam yn adrodd darn am blant yn y Nefoedd er mwyn i'r nefoedd beidio â bod heb blant. Hefyd roedd

arweinydd y Grŵp Cefnogi yn ddewr yn ymateb i eiriau'r Wasg. "Yn anorfod rhywsut mae'n rhaid symud ymlaen, ond y cwestiwn i mi ydy beth mae hynny yn ei olygu go iawn? Sut ydych yn symud ymlaen? Mae greddf yn dymuno aros lle'r ydym. Mae na lawer o bobl wedi bod yn siarad am y proffeil uchel mae Dunblane wedi bod yn ei gael am rhy hir, a bod y bobl heb gael galaru'n llwyr, yn ôl yr offeiriaid. A nghwestiwn i yn wyneb hynny ydy - wel symud ymlaen i le yn union? Pam ddylwn i fod isio symud ymlaen i amser lle mae fy atgofion o'm merch yn llai byw na'r hyn yden nhw rwan? I amser pan efallai y buaswn yn anghofio pethau?"
Dyma ei eiriau arbennig wrth sôn am ei ferch Emily.

Mae englyn R.J Penmorfa yn dweud yr un peth:

"Ni fyn y Drefn roi'r ysgafn-droed - un gradd
Goris gwerth yr henoed,
Mae angen am ieuengoed
I fyd y Nef hyd yn oed."

❖ ❖ ❖ ❖ ❖

14

Diwrnod y Trwynau Coch fel arfer ac apêl flynyddol y BBC i godi arian ar gyfer elusennau. Mae'n sicr ei fod yn amser i roi i lawer o bobl. Ond ar ôl yr ochr ysgafn hwn i helpu ein helusennau mae gwir gyfeillgarwch a chefnogaeth rhyngom yn fater i'w bigo fyny drannoeth ac ail-drio. Gall cyfeillgarwch ymddangos fel rhith ar adegau. Mae gwres rhywun tuag atoch yn ymddangos mor gynnes tan y gwelir eich bod wedi bod o ryw ddefnydd iddynt am wybodaeth, neu yn gwneud iddynt edrych yn iawn, neu slotio i gymdeithas lle arbennig. Cysylltiad cyfleus, gwag ydyw. Trist yw canfod cyfeillion felly sy'n disgwyl i chi o hyd fynd i weld hwy ond byth yn meddwl galw arnoch chi. Fe ddylai cyfeillgarwch fod yn ddwy ffordd - yn roi a derbyn. Mae'r elusen trwyn coch yma yn gyfle i ni roi, ond hefyd rydym mewn angen mawr ac angen derbyn o gariad eraill yn ogystal â cheisio perffeithio ffyrdd gwell o'i ddangos. Ar adegau gwag mae geiriau John Roberts Llanfwrog yn gysur gwirioneddol :

"Pan fwyf yn teimlo'n unig lawer awr,
Heb un cydymaith ar hyd llwybrau'r llawr,
Am law fy Ngheidwad y diolchaf i,
mae'i gafael ynof er nas gwelaf hi.

Pan fyddo beichiau bywyd yn trymhau,
A blinder byd yn peri im lesgau,
Gwn am y llaw sydd yn fy nghynnal i,
Mae'i gafael ynof er nas gwelaf hi."

❖ ❖ ❖ ❖ ❖

15

Pan wyt yn unig
dymunaf Gariad i ti.

pan wyt yn drist
dymunaf Hapusrwydd i ti.

pan fydd pethau'n dy boeni
dymunaf Dangnefedd i ti.

Pan mae pethau'n gymhleth
dymunaf i ti weld harddwch syml.

Pan fydd pethau'n ymddangos yn wag,
dymunaf i ti obaith.

❖ ❖ ❖ ❖ ❖

16

Cyfnod Sul neu Ddydd y Mamau, pan fyddwn yn cofio am gyfraniad allweddol mamau ar hyd y canrifoedd, ac mor arwyddocaol ydynt i ddatblygiad bob un ohonom.

Cofiaf deyrnged trawiadol Eirlys Hughes, Y Bala mewn cerdd i'w mam. Sonnir amdani yn y gerdd fel gwraig yn gweithio'n galed ar y fferm, yn graig ac yn gadernid. Mae Eirlys yn nodi'n gofiadwy ei bod hi'n gobeithio bod peth o'r rhinweddau rhain bellach yn rhan o'i chymeriad hithau.

Mam, ac ar ei dwylo
aroglau
godro ; mwg tân coed,

a throchion diwrnod golchi.
A phan ddeuai'r Sul
aroglau camffor oddiar ei menyg
ar fy nwylo i yn troi'r Sul yn swyn.

Mam
ac yn ei llygaid
roedd cariad ac addfwynder
a thawelwch,
yn cysuro,
yn anwesu ac annog,
a phob amser yn llawn maddeuant.

Yna'r colli yn llawer rhy gynnar a bywyd yn anesboniadwy, a'r dymuniad clo :

Heddiw,
gweddio am i ychydig
o rinweddau fy mam fod
yn rhywle yn fy ngwaed.
A minnau'n fam fy hun.

Hefyd mae englyn hynod Gwion Lynch yn dweud cymaint : er cof am ei fam a fu farw fis Rhagfyr 1981.

Er i'r hin oeri ennyd - er i'r rhew
Roi'i wedd ar anwylyd,
Ac er gerwinder gweryd
Mam imi yw hi o hyd.

❖ ❖ ❖ ❖ ❖

17

Ar Ddydd Gŵyl Sant Padrig o'r Iwerddon cofiaf glywed diffiniad o Seintiau fel y rhai sy'n gwneud presenoldeb Duw yn rhywbeth real i'w deimlo ymhlith y gweddill ohonom. Dyma eiriau Sant Padrig :

Crist bydd gyda mi,
Crist o'm mewn,
Crist tu ôl i mi,

Crist gerllaw,
Crist i'm hennill,
Crist i'm cysuro
a'm hadfer i,
Crist odditanaf
Crist uwch fy mhen,
Crist mewn distawrwydd,
Crist mewn perygl,
Crist yng nghalonnau
pawb sy'n fy ngharu,
Crist yng ngheg ffrind
a dieithryn.

❖ ❖ ❖ ❖ ❖

18

Ceir Gŵyl i Undebau 'lafur ar y dyddiad hwn i gofio am allforio Merthyron Tolpuddle , a gadwodd eu teyrngarwch i'r Grand National Consolidated Trades Union. Wrth gofio mor ddirym yw undebau llafur bellach gweddus i ni gofio am aberth ein cyndadau. Rhaid i mi ddweud fy mod hefyd yn teimlo edmygedd o ddocwyr fel rhai Lerpwl sy'n gwrthod gorwedd i lawr a derbyn eu tynged heb ymladdd mewn undeb am fara beunyddiol i'w teuluoedd.

❖ ❖ ❖ ❖ ❖

19

Mae o'n swnio'n ystrydebol ond mae'n wir - "Mae'n neis i fod yn bwysig, ond mae'n bwysicach i fod yn neis."

❖ ❖ ❖ ❖ ❖

20

Stafell Gynddylan ys tywyll heno,
Heb dân, heb gannwyll.
Ond am Dduw,pwy 'rydd im bwyll ?"

❖ ❖ ❖ ❖ ❖

21

Cyhydnos y Gwanwyn, a dyddiad geni J.S Bach yn yr Almaen ym 1685, a geni Arglwyddes Llanofer a'i chyfraniad i'r byd gwerin Cymraeg ym 1802. Yn ystod Gwanwyn 1997 gwelwyd Gwanwyn Comed Hale Bopp hefyd. Cred rhai ei fod yn arwydd pendant o Dduw yn ceisio rhoi neges i ddyn - ac efallai ei fod o. Yn y cyfnod hwn pan oedd yn weladwy i ni roedd tua 123 miliwn o filltiroedd o'r ddaear, ond yr hyn sy'n rhyfeddol am ei gylchdro yw mai 4,400 o flynyddoedd yn ôl y'i gwelwyd yn ein bydysawd ni o'r blaen.

❖ ❖ ❖ ❖ ❖

22

Ganwyd Leslie Thomas y llenor yng Nghasnewydd ym 1931. Yn ddeuddeg oed ar farwolaeth ei rieni fe wahanwyd ef a'i frawd a threuliodd amser yng nghartrefi Dr Barnados yn Nyfnaint a Llundain. Mae ei hunangofiant "This Time next Week" yn ddoniol ac yn ddwys ar yr un adeg.

Dywed "Mae pob plentyndod yn ddyffryn. Roedd un ni'n anunion gyda chwyn a cherrig mewn mannau.Ond hefyd roedd na ddarnau o laswellt melys mewn llecynnau, dyddiau o haul a rhyddid a hapusrwydd. Ac ar ei ddiwedd, cafwyd y giât i'r Tu Allan." Daw teitl y gyfrol o bennill arbennig, ac fe gyffyrddodd y pennill â mi. Arferid ei chanu yng Nghartre Barnados :

"This time next week,
Where shall I be ?
Sitting by the fireside
Scoffing my tea.
Plenty of comics,
lots of books,
No more matron's dirty looks........"

❖ ❖ ❖ ❖ ❖

23

Rwyn arbennig o hoff o'r syniad yng ngherdd Eirian Davies i'r Glaswelltyn - ar waethaf y ffaith i'r cyngor arllwys tar dros laswellt roedd yr un glaswelltyn tila cryf yn brawf o rym y gwanwyn a nerth sy'n drech na phob ymdrech i'w ddinistrio. Yn yr un modd ar y Promenad yn y Bermo lle mae'r concrit wedi ceisio cadw'r môr draw, mae'r hen dwyni wedi ail-fynnu ymddangos, a'r hen laswellt caled gwydn hwnnw na ellir mo'i ddinistrio yn mynnu ail-deyrnasu. Cysur yn wir wrth i ni gyd sylweddoli bod Gwanwyn ynom oll yn realiti. A dyma'r Glaswelltyn eto:

"Ac eleni eto rwyt ti yma'n dalsyth,
Ar fin yr heol lefn,
Wedi gwthio dy dynerwch drwy grofen o dar-macadam
Gan gario'r gwanwyn i fuddugoliaeth ar dy gefn."

❖ ❖ ❖ ❖ ❖

24

Geiriau Pastor Niemoeller a laddwyd gan y Natsiaid. Mae ei eiriau yn ysgwyd ein difrawder aml, a'n hoffter o eistedd ar bob ffens sydd i'w chael :

"I ddechrau daethant am yr Iddewon
ac ni godais fy llais -
achos doeddwn i ddim yn Iddew.

Yna daethant am y comiwnyddion
ac ni godais fy llais -
achos doeddwn i ddim yn gomiwnydd.

Yna daethant am yr undebwyr llafur
ac ni godais fy llais
gan nad oeddwn yn undebwr llafur.

Yna daethant amdana i -
a doedd neb ar ôl
i godi llais ar fy rhan i.

❖ ❖ ❖ ❖ ❖

25

Gŵyl Cyfarchiad y Forwyn Fair yn y traddodiad Catholig - yn dathlu dyfodiad yr angel Gabriel i ddweud wrth Mair fod y Gair yn gnawd. Angel i mi mewn unrhyw gred yw y Fam Theresa ac mae darllen llyfrau o'i myfyrdodau yn heriol ac wastad yn peri i mi hoffi hi yn fwy. Hoffaf ei myfyrdod ar y Gwaith neu'r gorchwylion sydd gennym i'w gwneud yn ddyddiol. Oni fyddai pwysedd llawer o'n swyddi cyfredol yn cael ei roi mewn perspectif llwyr petaem yn gweld pethau yng nghyd-destun ehangach ffydd y Fam Theresa :

Gorchwyl yn syml yw galwad i berthyn yn llwyr i Grist,
gyda'r gred y gall dim fy ngwahanu i
oddi wrth Ei gariad.

Sut y medra i garu Duw ?
Sut y gallaf brofi fy nghariad at Dduw ?
Drwy gyflawni'n hardd y gwaith a roddwyd i mi ei wneud,
drwy wneud yn syml yr hyn y mae Duw wedi ei ymddiried i mi,
ym mha bynnag ffurf y cymer....
Mae'n ffordd i chi roi cariad Duw
ar waith
mewn gweithred o gariad...
Bob tro y gwenwch ar rywun,
mae'n weithred o gariad,
rhodd i'r person,
peth hardd.

Dech chi'n gweld, nid y gwaith ei hun ydy ein gorchwyl -
ein gorchwyl yw perthyn yn gyfangwbl i Iesu,
gyda'r gred sicr nad oes dim a all ein gwahanu ni
oddi wrth Ei Gariad.
Nid yr hyn rydym yn ei wneud,
na faint yr ydym yn ei wneud,
ond yn hytrach
faint o gariad y rhoddwn yn y gwaith
yr ymddiriedwyd i ni ei wneud.

Yr hyn yr wyt ti'n ei wneud
efallai na fydda i yn medru ei wneud.....
Yr hyn dwi'n ei wneud

efallai na fedri di ei wneud o....
Ond gyda'n gilydd
rydym yn gwneud
rhywbeth hardd i Dduw."

❖ ❖ ❖ ❖ ❖

26

Ym 1874 ganwyd Robert Frost y bardd Americanaidd. pennill ganddo sy'n gysur mawr ynghanol treialon yw :

"The woods are lovely dark and deep,
But I have promises to keep.
And miles to go before I sleep
And miles to go before I sleep."

❖ ❖ ❖ ❖ ❖

27

Tawela'r stormydd rhwng dynolryw ac oddi mewn i ddynolryw ymhobman. Par bod pobl yn chwilio am yr heddwch a'r tiriondeb sy'n gyffredin rhyngddynt.

❖ ❖ ❖ ❖ ❖

28

Mae'r Gwanwyn yn y tir, y fflur ceirios ar y coed a'r Pasg o'n blaenau yn cynnig ei gysur a'i obaith ar ôl misoedd digon llwm. Rhai o'm hoff eiriau i ddathlu dyfodiad y Gwanwyn yw cân sydd gen i ar dâp gan Olivia Newton John. John Denver yw'r awdur ac mae Penri Jones wedi gwneud addasiad arbennig ohoni i'r Gymraeg:

The Flower that Shattered the Stone.

Ein mam yw y ddaear sy'n troelli yn rhydd,
Gyda'i choed yn y fforest a'u gwraidd dan y pridd,
Ein Tad yn y nefoedd, mor gywrain ei law,
Beintiodd yr enfys, bont liwgar y glaw.

Mae yr afon yn llifo o'r mynydd uwchlaw,
gad im weled â'm llygaid a theimlo â'm llaw,
O galonnau plant bychain daw cariad mor gryf,
Fel mae un seren fechan yn sgleinio mor blaen,
fel y blodyn a holltodd y maen.

Aderyn y to hefyd a gafodd ei dŷ,
A'r wennol nyth iddi, a'r cywion eu plu,
Pwy liwiodd y lili a gwrid y rhosyn rhudd ?
Pwy roes aur ar yr eithin, a llygad y dydd ?

Mae yr afon yn llifo o'r mynydd uwchlaw,
gad im weled â'm llygaid a theimlo â'm llaw,
O galonnau plant bychain daw cariad mor gryf,
Fel mae un seren fechan yn sgleinio mor blaen,
fel y blodyn a holltodd y maen."

❖ ❖ ❖ ❖ ❖

29

Ym 1913 ganwyd R. S Thomas yng Nghaerdydd - un o feirdd Saesneg Cristnogol enwocaf y byd. Ysgrifennodd hunangofiant yn y Gymraeg yn y trydydd person a'i alw yn "neb". Dyma delyneg nodedig ganddo - Y Rhodd (*Gift*)

Some ask the world
and are diminished
in the receiving
of it. You gave me

only this small pool
that the more I drink
from, the more overflows
me with sourceless light.

30

"Nos serennog glir,
Paentia'th liwiau'n gain bob un,
dydd o haf, gaeafol hin

i adlewyrchu'r tymor ynot ti....

Nawr fe wn yn iawn
'Rhyn a oedd dy neges di,
fe ddioddefaist drosom ni
a cheisio'n torri'n rhydd.
Clust fyddar roesom ni i ti
ac ni ddeallom ni.....

A phan nad oedd gobaith pwl ar ôl
ar y nos serennog glir
Hunanladdiad fu dy ddewis olaf di,
Ond Vincent hoff fwriadwyd monot
i fyd mor greulon giaidd
â'n un ni.

A glywsant gri dy galon frau,
Disgwyl gormod roeddem ni ?"

Ysgrifennwyd Vincent yn arbennig am yr arlunydd Vincent Van Gogh yng nghân bytholwyrdd Don McClean. Mae'n un o'm hoff ganeuon poblogaidd. Ar y dydd hwn ym 1853 y ganwyd Vincent Van Gogh yn yr Iseldiroedd. Yn orielau Amsterdam mae'r rhanfwyaf o'i weithiau erbyn hyn ac rwyn arbennig o hoff o rai o'i ddarluniau fel y Caffi ar ochr y Pafin yn y nos. Ond mae'r "Nos serennog glir" bellach wedi ei gartrefu yn Amgueddfa Celfyddyd Fodern Efrog Newydd.

❖ ❖ ❖ ❖ ❖

31

Gwrthodwyd sgript *"The Gentleman Caller"* yn Hollywood fel ffilm gan yr awdur Tennessee Williams, ond dychwelodd i Efrog Newydd ac addasu ei sgript ffilm yn ddrama fyd-enwog *"The Glass Menagerie"* - "Pethau Brau" yn yr addasiad Cymraeg. Fe'i cynhyrchwyd am y tro cyntaf ar y dyddiad hwn ym 1945 yn Efrog Newydd. Gelwir Williams yn ddramodydd yr eneidiau coll, ac mae llawer o'i waith yn hunangofianol.

Mae'r apartment clostroffobaidd a ddarlunir yn seiliedig ar ei gartref yn St Louis lle'r oedd ef a'i chwaer annwyl Rose yn arddangos eu casgliad o anifeiliaid gwydr. Flynyddoedd yn ddiweddarach fe ddisgrifiodd bwysigrwydd yr anifeiliaid gwydr " Daethant i gynrychioli yn fy meddwl yr holl emosiynau mwyn sy'n perthyn i atgofion am y gorffennol." Mae'r anifeiliaid hefyd yn sumbol o harddwch brau ac urddas Amanda a Laura y ddrama yn wyneb byd sy'n newid yn nhridegau America.

Bu teulu Tennessee Williams yn hynod o dlawd, fe'i bwliwyd gan dad a orfododd iddo adael y Brifysgol a mynd i weithio yn y warws, ac fe gafodd ei chwaer frêcdown llwyr. Dyma'r gronfa o emosiwn a ryddhawyd yn y campwaith hwn.

❖ ❖ ❖ ❖ ❖ ❖ ❖ ❖ ❖ ❖

1

Diwrnod yr Holl Ffyliaid, pan y bydd pawb yn chwarae triciau ar ben ei gilydd cyn hanner dydd. Hoffaf yn fawr deitl yr Ŵyl yn Ffrainc - mae'r person y gwneir cast arno neu arni yn cael eu galw yn "Poisson d'Avril" - Pysgodyn Ebrill. Ar ddiwrnod ffŵl Ebrill gweddus yw cofio ym 1847 i Adroddiad y Comisiwn Ymchwilio i Gyflwr Addysg yng Nghymru gael ei gyhoeddi. Brad y Llyfrau Gleision oedd yr enw roddwyd ar yr adroddiad a gofnododd y defnydd helaeth ar y bloc creulon o bren y Welsh Not, ac a honnodd bod yr iaith Gymraeg yn cadw y Cymry *"under the hatches"*. Ffyliaid Ebrill o'r radd flaenaf.

❖ ❖ ❖ ❖ ❖

2

Yn bwysicach na mis y ffyliaid dyma fis y Pasg. Dyma'r darn sydd wastad yn fy ngwefreiddio, o'i ddiweddaru:

ATGYFODIAD IESU (Arall eiriad o Marc 16 ,1-8.)

Ar ôl i'r Saboth fynd heibio, prynodd Mair Magdalen, Mair mam Iago a Salome beraroglau er mwyn eu rhoi ar gorff Iesu. Ac yn fore iawn ar y dydd cyntaf o'r wythnos, a'r haul newydd godi, dyma nhw'n dod at y bedd. Roedden nhw'n sgwrsio â'i gilydd:

"Pwy sy'n mynd i fod yn ddigon cry i symud yr hen garreg 'ne ar flaen y bedd?" Ond wedi edrych i fyny fe welson nhw fod y maen wedi ei symud o geg yr ogof. Pwy symudodd carreg o'r fath faint?

Fe aethon nhw i mewn i'r bedd ac yn eistedd ar yr ochr dde roedd dyn ifanc mewn gwisg wen,hir, ac fe gawson nhw fraw.

"Peidiwch â bod ofn. Dach chi di dod i chwilio am Iesu o Nasareth gafodd ei groeshoelio. Mae o wedi codi o'r bedd; dydy o ddim yma er mai dyma lle y gosodwyd ef i orwedd. Ewch i ddweud wrth ei ddisgyblion ac wrth Pedr. Mae o'n mynd ar y blaen i chi i Galilea. Fe fyddwch chi'n ei weld o eto yng Ngalilea, fel y mae o wedi addo."

Prysurodd y gwragedd o'r bedd gan redeg, gan eu bod yn ysgwyd gan ofn. Ddywedson nhw ddim byd wrth neb am dipyn o amser, gan fod y fath ofn arnynt."

❖ ❖ ❖ ❖ ❖

3

ADDASIAD O EIRIAU YR ADRODDWR AM IEUENCTID, O *"BLOOD BROTHERS"* DRAMA GERDD WILLY RUSSELL.

Mae gen ti dipyn o bres yn dy boced a ffrindiau da,
ac mae'r Haf fel petai am bara' am byth,
Ifanc, rhydd a diniwed, heb ofal yn y byd,
heblaw am benderfynu ar ba ddillad i'w gwisgo.
Mae'r stryd yn Baradwys, a'r radio'n seinio dy freuddwydion
Ti'n ddiniwed, anfarwol, pan yn bymtheg oed.

A phwy fasa'n meiddio dweud wrth ŵyn yn y Gwanwyn
pa dynged bydd tymhorau hwyrach yn dod ?
Pwy ddywedai wrth y ferch ynghanol y par
y pris fydd yn rhaid iddi dalu am fod yno'n bod ?

Ond gad lonydd iddyn nhw, gad iddyn nhw chwarae
Dan nhw'n hidio dim am beth sydd ar ddiwedd y dydd,
am yr hyn sydd i ddod, am beth allai fod,
mae bywyd yn ddiderfyn pan wyt ti'n swil un ar bymtheg oed,
ac mae dy ffrindia i gyd yn gwmni i siarad drwy'r nos
neu tan fydd Chippy Mrs Wong yn diffodd ei goleuadau.
Wedyn mae na wastad y gornel o dan olau lamp y stryd
ac awr arall i'w threulio, efo'r ffrindiau, efo hi,
i rannu dy sigaret olaf a'th freuddwyd gudd
am hanner nos yn ddwy ar bymtheg oed.

Dim ond trip fferi arall, neu wibdaith i'r traeth
Mae popeth yn bosib, y byd o fewn cyrraedd
a dwyt ti ddim yn sylwi ar foteli wedi malu yn y tywod
na'r olew yn y dŵr, a fedri di ddim deall
sut y gall byw fod yn ddim byd gwahanol i freuddwyd
pan ti'n ifanc, rhydd a diniwed, a dim ond deunaw oed.

A phetai'r tri ohonyn nhw'n gallu aros fel 'na am byth,
A phetaen ni'n gallu rhagweld dim newid yn y tywydd,
A phetaen ni ddim yn byw yn yr hyn a alwn fywyd, ond mewn breuddwyd,
Petaen ni'n medru rhewi'r ffrâm, a bod yn fythol, ddim ond deunaw oed."

4

Ym mis y Pasg yn ein pererindod ar y Ffordd fe ddown ninnau at y diamser yn ein profiad, ac yn anorfod at Galfaria
Dyma eiriau Siôn Ifan o'i awdl fuddugol "Dwylo"yn Eisteddfod Genedlaethol Aberystwyth 1952.

Rhoi'r Gŵr briw ar y garw Bren
A'i ddurio wrth y dderwen.
Yr Iesu dall, diallu -
Pur Oen Duw, ar y Pren du.

Hir awr drist, hir awr o dranc,
Dyna ofid Dyn Ifanc;
Ac uwch glyn, yn goch a glas,
awyr dân ar fur dinas.

Y llu syn ar y lle serth
yn oedfa ddiymadferth
neu goch li - ôl gwayw a chledd -
A'r rhwyg trwy fronnau gwragedd.

A drylliog fam y mamau
Ar awr hir, hir, yr hwyrhau,
A baich gwagedd ei gweddi
Yn wŷn tost trwy'i henaid hi.

❖ ❖ ❖ ❖ ❖

5

Braint a gefais pan yn gweithio efo cwmni radio oedd cyfarfod gweddw y diweddar Eddie Evans, awdur yr emyn-dôn Pantyfedwen. Roedd hyn mewn cornel dawel o Oldham yn Swydd Gaerhirfryn - sef Sholver. Roedd y teulu mor groesawgar a chartrefol efo mi a'm tad, ac yn sôn fel y byddai Eddie Evans er ei alltudiaeth yn tiwnio i mewn bob wythnos i Ganiadaeth y Cysegr ar y radio ac yn aml yn clywed ei emyn ef ei hun - Pantyfedwen - a briodwyd â geiriau ysbrydoledig W. Rhys Nicholas. Mae'r tywydd yn gwella, rydym yn teimlo'n well a gallwn ganu ag arddeliad
"Mae'r Haleliwia yn fy enaid i." Ar y dyddiad hwn ym 1926 yr

agorwyd Portmeirion i'r cyhoedd am y tro cyntaf. Lle arall i godi'r enaid a'r ysbryd.

❖ ❖ ❖ ❖ ❖

6

GWEDDI BASG.

Diolch i Ti O Dduw am dy Fawredd, ac am roddi dy harddwch i ni bob amser yn dy gread sydd wastad yn adnewyddu ei hunan, ac yn chwilio am ffordd i oresgyn anawsterau.

Hyd yn oed ynghanol dy aeaf, dy rew a'th oerni, diolch nad oes modd caethiwo bywyd sy'n mynnu tyfu a chyrraedd terfynau newydd.

Diolch nad oes lladd i wneud arnat Ti o Dduw, er ein bod ni yn mynnu dy fygu allan o'n bywydau yn aml.

Diolch am dy Basg, am dy fedd gwag, am y rhwyd yn llawn o bysgod, ac am y gobaith na ellir ei ddileu sy'n tarddu o geisio dilyn Crist yn agosach ym mhethau cyffredin bywyd.Diolch am y niwl sy'n codi ar Drydydd Dydd ein pryderon, a sicrwydd dy ofal amdanom sy'n troi awydd i grio yn achos am ddagrau llawennydd.

Dysga i ni fod mewn cytgord gwirioneddol â'n gilydd, fel yr wyt Ti efo dy Gread, wastad yn darparu eirlysiau o obaith.

I Ti yn unig bo'r gogoniant a'r mawl, ac nid i ninnau.

Amen.

❖ ❖ ❖ ❖ ❖

7

Ym 1770 ganwyd William Wordsworth, a chofiaf yn ir iawn yr argraff a wnaeth y bardd hwn arnaf wrth ei astudio ar gyfer lefel A Saesneg. Clywais bethau eraill am bersonoliaeth y gŵr ei hun rhaid dweud ers hynny, ond eto yr argraff ir, wanwynol hwnnw sydd wedi glynnu efo mi - rhyfeddu at y *"Lyrical Ballads"* a'r *"Prelude"* am y tro cyntaf un. Dotiais hefyd at ei berthynas arbennig â'i chwaer, ac mae'r bennill sydd ar fy nghof byth yn crynhoi y wefr gynnar honno.

"Then come, my sister ! come, I pray,
With speed put on your woodland dress,
And bring no book; for this one day
We'll give to idleness." Syniad hyfryd hollbwysig i ni i gyd!

❖ ❖ ❖ ❖ ❖

8

Dyddiau ar ôl y Pasg wedi i'r sôn mawr yn Jeriwsalem fynd heibio daw'r cerdded adref i Emaus a sylweddoliad arbennig gan y ddau am eu cyd-deithydd. Gwyn Thomas sy'n cofnodi hyn yn drawiadol:

"Ac wrth y bwrdd
Gyda'r fendith a thorri'r bara -
Y bwyta sy'n gryfach nag anobaith -
Agorwyd llygaid y deuddyn trist
Fel y gwybuant mai'r dieithryn hwn oedd Crist.
Yna Efe a ddiflannodd o'u golwg.

"Onid oedd ein calon" meddai'r ddau,
"Yn llosgi ynom gyda'i ymddiddan.
Yr Arglwydd a gododd yn wir."

Ac yn hwyr fel yr oedd hi, codasant
A dychwelasant i Jeriwsalem
I adrodd eu llawenydd.
Ac yr oedd y nos honno iddynt
Yn olau, olau ; fel dydd."

❖ ❖ ❖ ❖ ❖

9

Geiriau gweddus iawn ar gyfer cyfnod y Pasg yw myfyrdod Mary Wilson :
DYHEAD AM NEFOEDD.
(Addasiad o *A Plea for Heaven*)

Mae'n rhaid fod na rywle lle mae'r plant yn mynd
sy'n marw mewn poen, gan ofyn i'w mamau Pam ?

Rhyw fan gwyn fan draw heb fraw
ein dagrau ni, lle y cânt deithio'r blynyddoedd
a'r aeddfedrwydd coll ?

Fydd y rhai mewn brwydr neu ddamwain
a ffrwydrwyd o fywyd, heb amser i ddweud gweddi,
yn deffro i dangnefedd, a chanfod
yr hunan leiddiaid, yr anabl a'r deillion
wedi eu hadfer i gyflawnder yno ?

Ac i'r wlad honno y deuwn ni o'r diwedd.
o fywyd trwy farwolaeth, y deuwn drachefn i fyw
gan wybod o'r diwedd y rheswm am ein poen,
a gweld y rhai a garwyd ac a glwyfwyd, drachefn,
a gofyn iddynt faddau ?

Diflannu wna delweddau plentyndod -
Dim Sant Pedr dig yn disgwyl â'i oriadau
i agor giatiau llachar ar heolydd aur,
Dim angylion disglair yn dadorchuddio'u hadenydd
i'n cyfarch, dim o'r rhain.

Ond y fath heddwch nad adwaenwn ni,
a goleuni na welwyd ei fath o'r blaen
oni bai y gwelsom gip wedi machlud
ar nosweithiau Sul yr Haf ymhell yn ôl.

O Ysbryd a'n tywysodd cyhyd; mae'n rhaid
mai fel hyn y mae ; O Dduw a garwn ni !
Fyset ti ddim yn ein taflu i gwsg di-derfyn,
i ddiddymdra mor enfawr a dwfn
i'n colli am byth ?

❖ ❖ ❖ ❖ ❖

10

Mae cymaint o eiriau da am y Pasg, ac rwyf am gadw y geiriau hyn a glwyais ar gyfres "*Words from Jerusalem*" BBC yn y gwreiddiol. Geiriau ysbrydoledig Harry Guest.

An empty tomb at daybreak shone with proof
And wounded hand unlocked the gate of death
to show the proper end of frailty and pain
is that quiet passing into Paradise.
No dust, no yelling, no mistaken dream
admission to a place where we belong.

Ac yna englynion Gwilym R Jones i'r Bedd Gwag a gyhoeddwyd yng Nghylchgrawn Capel Mawr Dinbych :

"Anelem ar fedd'r Anwylyd - ogof
Anhygar a thrymllyd
Heb Grist nid oes ond tristyd
Yn y bedd gwaca'n y byd.

Fan hon mae ffynnon y Ffydd - yma bu
Grym y bywyd newydd,
Y dewisol dywysydd,
Byw ynom gaffo beunydd !

Twnel i'r bywyd helaeth - yw ei fedd
Yn y fwyn diriogaeth :
Ar ddwys awr y trawodd saeth
Rhyw synhwyrus hen hiraeth !"

❖ ❖ ❖ ❖ ❖

11

Does yr un dydd o ymweliad â Chaerdydd yn teimlo'n hollol iawn heb dreulio ychydig o funudau o dawelwch ar ddechrau'r gorchwylion ger Eglwys Gadeiriol Llandaf. Petawn yn byw yn y ddinas - dyma un llecyn lle y cawn amser i mi fy hun a'r hedd nas gŵyr y byd amdano. Ym 1957 cysegrwyd corff yr eglwys ar ôl yr adeiladu, a dadorchuddio cerflun Jacop Epstein Crist mewn Gogoniant.

Wrth syllu arno medrwn uno â dyhead Einion Evans yn ei gerdd i Dduw Pob Amgylchiad :

"Ti Dduw, fu ar y pren
brynhawn y Groglith prudd,

a droist y bedd a'i sen
yn wyrth y Trydydd Dydd.
I'n daear heddiw, tyrd, O Dduw,
â gwacter bedd i'n gwacter byw."

❖ ❖ ❖ ❖ ❖

12

"Gwell bod mewn cariad â'r tymhorau yn eu tro yn hytrach na ffoli ar Wanwyn." Dyna ddywediad cofiadwy. Ar y dyddiad hwn ym 1961 fe aeth Yuri Gagarin i'r gofod am y tro cyntaf. Ceir diwrnod arbennig o ddathlu yn Rwsia.

❖ ❖ ❖ ❖ ❖

13

Ym 1742 cafwyd y perfformiad cyntaf o Meseia Handel yn Nulyn. Dyma eiriau ysbrydoledig Rhydwen Williams ar ddiwedd "Myfyrdod":

"O Grist, â llygaid llym,
        Datguddia Deyrnas Dduw,
-Nad braint, nad rhwysg, nad grym,
        Nad rhagfarn yw ;
Dim ond Dy gariad yma'n awr
Yn pwnio fel gwythïen fawr."

❖ ❖ ❖ ❖ ❖

14

Ym 1967 agorwyd Canolfan Ymchwil Cancr Tenovus, a dyma i chi glefyd sy'n cyffwrdd â bywydau cymaint ohonom a'n teuluoedd. Dywed
R. Gerallt Jones yn ysgytwol mewn cerdd i'r Tedi Boi :
"Yr oedd steil ei wallt yn wahanol ;
ond am y gweddill ohono, canser yw canser
ac nid oedd gwahaniaeth."

Diolchwn am y mudiadau sy'n gweithio a gweld nad oes

gwahaniaeth rhwng unrhyw un yn y bôn , yn eu llygaid hwy rydym i gyd yn gyfartal fel y dylai fod. Diolchwn am yr holl ymchwil a datblygiadau yn y maes. Yn Wrecsam mae Ty'r Eos wedi agor sydd yn gwasanaethu ardal i'r Gorllewin hyd at y Bermo gyda gofal hospis i rai sy'n marw. Mae'n lle llawen ac ysgafn ac yn weledigaeth Dr Graham Arthurs. Ef fedrodd fynd â'r maen i'r wal â'r cynllun ar waethaf toriadau a phrinder arian. Diolchwn am bob rhoi i hyrwyddo gwaith Tŷ'r Eos a Tenovus.

❖ ❖ ❖ ❖ ❖

15

Cofiwn heddiw am y digrifwr Roy Castle a wenodd ei ffordd yn ddewr a llawn ffydd drwy ddwy flynedd a hanner o frwydr yn erbyn cancr yr ysgyfaint, ac am sirioldeb ei deulu yn arbennig ei wraig Fiona Castle. Cofiwn am eu harwyddair - "Dim ffwdan, dagrau na blodau - dim ond llawennydd."

O'i hunangofiant o gofio adeg y Pasg cawn un darn arbennig iawn o ysgrifennu :

"Ar ddydd Gwener y Groglith, yn gorwedd yn fy ngwely yn gwylio *"King of Kings"* ar y teledu, mi wnes i uniaethu rhyw ychydig ag O, a gwnaeth i mi deimlo'n anghyflawn iawn am gwyno am ychydig o friwiau ceg a chur pen. Darllenais yr holl stori yn fy Meibl - ddwywaith !"

Ar ddiwedd triniaethau enbyd Roy Castle mae ganddo dal yr hiwmor i neidio o'i safle disgwyliedig ar y sganiwr, a rhoi sgerbwd yn ei le : "Dwi'n credu eich bod chi wedi gor-wneud hi y tro ma" meddai wrth y nyrs. Tua diwedd ei oes ceir y cyfeiriadau trawiadol hyn :

"Beth a geisiwch yn eich bywydau? Beth ydy Llwyddiant? Mae'r atebion yn llawer cliriach pan y dywedir wrthych fod eich hoes bron ar ben. Mae'r pethau syml, cariadus, llawn gofal yn uchel ar y rhestr wedyn, ac mae'r uchelgais, hunanoldeb a'r ego yn dod yn faen melin.

Maen nhw'n deud fod eich bywyd yn fflachio ger eich bron pan rydych yn marw. Dw i di gorfod ail-ddirwyn y tâp deirgwaith. Dwi'n teimlo mod i'n cymryd yn hirach i farw na James Cagney ar risiau'r Gadeirlan honno. Dw i di poeni am sut i orffen y llyfr hwn. Yn sicr dw i isio diolch i Dduw am y bywyd dw i wedi ei gael, ac am Ei addewid am y bywyd sydd i ddod."

Diolch am ddewrder, harddwch ac urddas Roy Castle mewn poen cyhoeddus.

❖ ❖ ❖ ❖ ❖

16

Mae hi'n gyfnod swyddogol y Tacluso Gwanwyn Cenedlaethol. Ar y dyddiad hwn ym 1889 ganwyd Charlie Chaplin, ac ym 1929 bu farw Syr John Morris Jones a soniodd mor fyw wrthym am Gŵyn y Gwynt.

Yr adeg hon o'r flwyddyn rwyn hoffi y profiad adnewyddol o fynd i Gapel Salem yn Ardudwy i weld unwaith eto hen griw y "llun". Ond eto byddaf yn cofio am y llun arall -Diwrnod Marchnad - dw i wastad yn ei alw yn Steil ar ôl cerdd T Rowland Hughes. Yn y llun arall y gwelir gwir steil Siân Owen - nid yn y siôl fenthyg yn swancio, ond pan mae'n ddigon dewr i fod yn hi ei hun, a gwisgo gwisg naturiol. Dwi'n hoffi'r syniad yna yn fawr ar gyfer ein haddoldai heddiw hefyd - nid y wisg sy'n bwysig, ond yr hyn sydd y tu mewn.

"Yr oedd hi'n brafiach ffordd i lun
Drwy'r gegin, yn dy siôl dy hun,
Amdanat farclod llwydlas, glân,
a'th glocsiau am dy draed, 'rhen Siân.

ac yna'r gwir Steil yn cael ei ddatguddio - y steil o fod yn chi eich hun :

Yr wyf fi'n falch fod cysgod gwên
Ar d'wyneb yn y gegin hen,
A'th fod di'n llonnach yn y llun
Ohonot yn dy siôl dy hun."

❖ ❖ ❖ ❖ ❖

17

CROES GELTAIDD EGLWYS BEWCASTLE ger Caerliwelydd (Carlisle)
Addasiad o fyfyrdod gan John Repath o'i lyfr *"Bilberries and Tickled*

Trout".

Mae brig y Groes wedi torri ac yn erydu ar gownt y tywydd, ac fe wel gyflwr dyn wedi ei dorri mewn modd tebyg :-

Darluniau o ryfel ; cyrff difywyd yn y llaid neu ar dir wedi rhewi,
y darlun clawr blaen o'r ddamwain car, olion yn wasgar ar hyd y ffordd,
y torri lawr mewn pethynas dynol, y dioddef a'r poen ymenyddol,
unigedd rhai heb fod eu hangen na'u caru,
Unigrwydd y rheiny wedi eu gosod ar wahan oherwydd hil, lliw neu gredo,
draenen yn ystlus anabledd corfforol neu feddyliol,
digalondid sy'n pwyso mor drwm ac sy'n llusgo y dioddefydd yn is,
ansicrwydd a dibyniaeth yr un sy'n gaeth i gyffur neu ddiod, na all wynebu diwrnod hebddynt,
Dioddef gwraig sy'n cael ei churo neu'r partner diniwed,
Loes y dyn, dynes neu blentyn sy'n HIV Positif,
Y poenau a ddaw yn sgil henaint. Henaint ni ddaw ei hunan,
Breuddwydion am uchelgais neu obaith am fyd gwell wedi eu chwalu,
Artaith poenydio a gormes."

❖ ❖ ❖ ❖ ❖

18

Cyhoeddwyd yr Iwerddon rydd ar y dyddiad hwn ym 1949. Dyma fyfyrdod Gwyddelig hyfryd wedi ei addasu ar ôl clywed y gantores Dana yn ei ganu ar record. Hoffaf naturioldeb y darlun yn fawr :

Crist yr Had,
Crist y Cynhaeaf,
Boed i ni gael ein cywain
yn ysgubor Duw.

Crist y Moroedd,
Crist y Pysgod,
Boed i ni gael ein dal
yn rhwyd Duw.

Ac o ieuenctid i henaint,
o henaint hyd farwolaeth
boed i dy ddwy fraich, Grist,
ein cofleidio.

Ac ar derfyn ein hoes
ni cheir diwedd, ond bywyd newydd,
ym mharadwys hapusrwydd a heddwch
ymgasglwn atat Ti.

❖ ❖ ❖ ❖ ❖

19

Treuliodd Mae West yr actores ddeg diwrnod mewn carchar am ymddygiad anweddus mewn cynhyrchiad yn Broadway ym 1927 o'r enw "*Sex*". Gallwch fentro ei fod yn ddiniwed iawn o'i gymharu â'r hyn sy'n cael ei dderbyn heddiw. Rwyn dotio at ffraethineb Mae West serch hynny. Un o'i llinellau enwocaf na ellir ei chyfieithu yn effeithiol yw : *"It's better to be looked over than overlooked."* Hefyd cofiwn nid am y dynion yn ei bywyd ond y bywyd yn ei dynion!! Diolch am ffraethineb.

❖ ❖ ❖ ❖ ❖

20

Cafodd Nelson Mandela, er bod llawer o waith eto yn y De Affrica newydd, fyw i weld y freuddwyd y soniodd amdani ar y dyddiad hwn ym 1964 : " Rwyn caru'r ddelfryd o gymdeithas rydd yn byw â'i gilydd mewn harmoni a gyda chyfleoedd cyfartal. Mae'n ddelfryd yr wyf yn gobeithio byw drosti a'i chyflawni. Ond os oes raid, mae'n ddelfryd rwyn fodlon marw drosti." Bu'r daith yn un hir, ac fe bery'r daith yn hir. Enw'i hunangofiant yw "Y Daith Hirfaith i Ryddid".

❖ ❖ ❖ ❖ ❖

21

Dyma eiriau arbennig gan Gwen Provost : "Carwch eich cymydog, ond peidiwch â thynnu'r gwrych i lawr."

22

Ym 1977 bu farw y diddanwr amldalentog Ryan Davies yn ddisymwth o ifanc yn Buffalo, Efrog Newydd. Cofiwn am ei frawddegau anfarwol *"Don't call Wil on your father, or I'll lampoon yew."* Cofiaf hefyd ffilm ddoniol ganddo efo'r teitl gwych *"How Green was my father."* Hefyd roedd iddo'r ochr ddifrifol honno pan fyddo'r nos yn hir :

"Yna drwy'r cwmwl du,
gwelaf dy wyneb di,
wrth gofio rhamant, cau mae'r amrant
pan fo'r nos yn hir."

❖ ❖ ❖ ❖ ❖

23

Dydd San Siôr, a dydd geni Shakespeare yn 1564. Mae blynyddoedd ers i mi astudio "Julius Caesar" ar gyfer lefel O, ond bellach medraf werthfawrogi geiriau mawr Brutus wrth Cassius :

"There is a tide in the affairs of men
Which, taken at the flood, leads on to fortune;
Omitted, all the voyage of their life
is bound in shallows and in miseries.
On such a full sea are we now afloat;
And we must take the current when it serve
Or lose our venture."

Ychydig a ddeallwn i wrth eu dysgu yn 15 oed, ond mae rhyw synnwyr o fawredd wedi aros gyda mi. A bellach rwyn eu deall yn iawn.

❖ ❖ ❖ ❖ ❖

24

Pan ges i'r fraint o wneud cyfnod o Ymarfer Dysgu yn Ysgol Bod Alaw Bae Colwyn tua 1988 roedd Stephen John Donovan (9 oed) wedi ysgrifennu cerdd fel a ganlyn ar y testun Ffrindiau :

"They help you when you're baffled
And also when you're sad,
And help when you're in trouble
From your big fat hairy Dad."

Dotiais at ei ffraethineb yntau hefyd a chofiaf y pennill byth!

❖ ❖ ❖ ❖ ❖

25

Daw dydd y bydd mawr y rhai bychain meddan nhw, ac mae hynny yn sicr yn dal i fod yn wir am y mudiad cadwriaethol Greenpeace. Mae'r mudiad wedi gwneud dros 25 mlynedd o ymgyrchu ac ennill yn erbyn cwmniau olew enfawr fel Shell. Mae Shell yn cael mwy o elw mewn wythnos na holl gyfraniadau Greenpeace led-led y byd mewn blwyddyn. Ac mewn arolwg mae 61% o bobl Gwledydd Prydain yn cytuno â Greenpeace. Camp arbennig - i'r mudiad sy'n ymgyrchu ymhlith pethau eraill am oergelloedd sy'n gyfeillgar i'r amgylchfyd, trydan solar, diogelu lefelau pysgod, diogelu'r fforestydd trofanol a sicrhau moroedd glân heb ymbelydredd yn fygythiad ynddynt.

❖ ❖ ❖ ❖ ❖

26

Geiriau Iesu : "Ond rwyf fi'n dweud wrthych : Carwch eich gelynion, a gweddiwch dros y rhai sydd yn eich erlid."

❖ ❖ ❖ ❖ ❖

27

Mae Frank yn yfed yn y bar
Wedi colli'i dŷ a'i gar,
Mae'n chwythu 'fewn i'w organ geg
Ei symffoni i'r tylwyth teg.
Gwisgo pâr o sbectol haul
Wedi'u dwyn y dydd o'r blaen.
Dweud eu bod nhw'n dda y diawl

Am dorri hyd y dydd i lawr.
Mae Moira'n cyrraedd tua deg
A'r llwnc cynta'n tynnu rheg.
Mae'n yfed seidar sych drwy'r dydd
Dweud fod e'n cadw'i phen yn glir
Sôn am fynd yn ôl i de
Ond byth yn cyffro cam o'r lle.
Ar draws ei llaw mae hen datŵ -
Boi oedd hi'n nabod cyn ei gŵr.

(Huw Chiswell)

❖ ❖ ❖ ❖ ❖

28

Dyma Ddiwrnod Cenedlaethol yn Israel. Cofiwn ar waethaf y ffaith fod gan yr Iddewon bellach eu gwlad nad gwlad yr addewid fu hon iddynt chwaith. Cofiaf fyfyrdod Pryderi Llwyd Jones i fur y Wylofain ar ôl ei ymweliad â Israel :

Wele fur eich wylo, feibion Israel :
Un mur a erys ple bu muriau'r deml gynt -

Chwi ddaethoch yma i gadw gŵyl
A dathlu'r dychwelyd i Dŷ eich Tad,
Yma bu Arch y Cyfamod
Yn arwydd ac addewid
o gyfamod i had Abraham.
Yma y bu ysblander Solomon
Ac arian ac aur ei deml
Yn ymffrost, ac yn arwydd
O'r muriau a'r man a erys byth
Yn gysegr sancteiddiolaf.

Ond bellach, wele fur eich wylo -
Wylo'r colli a'r cablu,
Wylo'r galar a'r gwewyr,
Wylo'r dinistr fu ar Jeriwsalem,
Wylo'r addewid a dorrwyd,
Wylo'r cyfamod a chwalwyd.

Yma,
O flaen meini mawr yr un mur,
Mae hiraeth am a fu
Ac am a ddaw
Pan godir drachefn y muriau hyn
yn nydd y Meseia,
A phan fydd Duw eto yn glanhau a phuro
Y ffynnon a lygrwyd
A'r allor a halogwyd.

Wele fur eich wylofain, feibion Israel :
Hanner mur eich hamddiffynfa frau.

❖ ❖ ❖ ❖ ❖

29

Gwelais ar un o'r cardiau bach a brynir mewn siopau amrywiol y geiriau hyn i'n hysbrydoli heddiw : "Ffydd yw rhoi ein troed i lawr ynghanol niwl a dod o hyd i'r graig oddi tano." Felly y byddwn yn aml yn ein hymwneud â'n gilydd hefyd, yn gobeithio bod y niwl yn clirio, a rhyw gadernid i fedru rhoi'n troed arno.

❖ ❖ ❖ ❖ ❖

30

Un o ddelweddau erchyll y rhyfel cyntaf i gael ei hymladd ar y cyfryngau gweledol oedd y ferch fach yn rhedeg wedi ei llosgi gan napalm yn Vietnam. Phan Thi Kim Phuc oedd y ferch, ac ar y dyddiad hwn ym 1995 gwelodd Gerwyn Williams lun ohoni bellach gyda'i babi ei hunan yn ei breichiau. Yr hen greithiau yn dal ar ei chefn hi, ond croen ei babi yn berffaith. Mae'r llun gwreiddiol a'r un cyfoes yn drawiadol, ac fel hyn y dywed y bardd ym mhennill olaf ei gerdd "Dau Lun" :

Hi yw'r gwrthrych -
ond hi biau'r camera
y tro hwn.
Mae'n cau ei dau lygad
er mwyn diffodd y byd

a daw'r cyfan
am ryw hyd,
i ffocws,
yn berffaith."

❖ ❖ ❖ ❖ ❖ ❖ ❖ ❖ ❖ ❖

1

Cyfnod i ni gyd ddawnsio a chanu Cadi Ha :
Hwp Ha Wen, Cadi ha,
Morus Stowt, dros yr uchlen neidio,
Hwp dyna fo.
A chynffon buwch a chynffon llo
A chynffon Rhisiart Parry'r Go,
Hwp dyna fo .....

Dyma'r Diwrnod llafur traddodiadol ac ym 1869 fe ymddangosodd papur newydd dyddiol cyntaf Cymru, sef y "Western Mail". I gofio'r un diwrnod o wyliau i'r gweithwyr rwyf am gyfeirio at englyn arbennig gan Myrddin ap Dafydd ar gerflun trawiadol ynghanol tref Wrecsam. Cerflun efydd gan David Annand ydyw, ac wedi ei ysgythru ar y bwa mae teyrnged i orffennol yr ardal - y gweithwyr glo a dur.

"Uwch y waedd, drwy'r gawod chwys - a helynt
Y morthwylion stormus,
Heibio'r awr sy'n bwyta brys
Mae tynfa yma at enfys."

❖ ❖ ❖ ❖ ❖

2

Ar y diwrnod hwn ym 1982 fe suddwyd y llong ryfel Belgrano yn y rhyfel a ddatblygodd rhwng Archentina a Phrydain ar ynysoedd y Falklands neu Malvinas. Cofnodwyd y pennawd mwyaf erchyll gofiadwy efallai yn hanes y Sun, un o'r mwyaf anfoesol ac annoeth hefyd - sef "Gotcha". Pwysicach fyth o'r ffrwgwd diangen hwn oedd amlygiad Simon Weston i ni. Cafodd ei long ef y Sir Galahad ei tharo yn Bluff Cove, ac fe gafodd 46 % o'i gorff ei losgi. Ar ôl Rhyfel y Falklands neu Malvinas fe ail adeiladodd ei fywyd a'i wyneb ac ail-wynebu ei elyn pennaf ym 1992- sef arweinydd y cyrch Archentaidd ar y Sir Galahad - Carlos Cachon -a'i ganfod i fod yn ddyn cyffredin gyda theulu, fel yntau.

"Yn yr ysbyty un o'r pethau cyntaf a ddywedais oedd - o'r holl bobl yn y byd yr hoffwn gyfarfod - y dyn a wnaeth hyn i mi oedd hwnnw. Nid oherwydd fy mod i eisiau ei ladd o, ond oherwydd fy mod eisiau gweld sut yr oedd o'n edrych ... roeddwn angen gweld ei wyneb, roeddwn angen gweld pwy oedd o. Cyfarfod Carlos Cochon oedd un o'r pethau anoddaf y bu'n rhaid i mi wneud. Gobeithio rŵan y medra i fynd ymlaen efo gweddill fy mywyd."

Mynna Simon Weston nad yw'n grefyddol, ond i'r digwyddiadau erchyll wneud iddo benderfynu fod yn rhaid byw bywyd i'r eithaf a chyflawni pethau. Awgrymodd newyddiadurwr y gallai ei feddargraff ddarllen "Gwnaeth wahaniaeth" a bodlonodd Simon Weston ar hyn.

❖ ❖ ❖ ❖ ❖

3

Ar ddechrau llawenydd Mis Mai yn ein gwlad cofiwn am ddiffiniad y Fam Theresa o Lawenydd :
"Llawenydd yw gweddi, llawenydd yw nerth, llawenydd yw cariad. Rhwyd yw llawenydd i ddal eneidiau. Mae Duw wrth ei fodd efo rhywun sy'n rhoi yn llawen. Y sawl sy'n rhoi fwyaf yw'r sawl sy'n rhoi yn llawen. Y ffordd orau i ddangos ein gwerthfawrogiad i Dduw ac i bobl yw drwy dderbyn popeth â llawenydd. Mae calon lawen yn galon sydd ar dân â chariad. Peidiwch â gadael i unrhyw beth eich llenwi â thristwch a pheri i chi anghofio llawenydd Crist wedi codi o'r bedd."

❖ ❖ ❖ ❖ ❖

4

Medrwn oll golli cydbwysedd ambell dro a methu â chael y llun i mewn i ffocws am sbel. Dan ni gyd yn ffaeledig, diolch fyth. Gallwn oll golli ein hunan barch a'n syniad o hunan werth yn y byd, ond cymharol ychydig sy'n fodlon cyfaddef heb sôn am ysgrifennu llyfr ar y pwnc. Mae'n cymryd rhywun fel Gillian Shepherd i wneud hynny. Cofiaf glywed Gillian Sheppard yn cyflwyno ei llyfr "Pits and Pedestals" mewn eglwys gerllaw y Groes yn ninas Caer. Ar glawr y llyfr sydd â'r is-deitl Taith tuag at Hunan Barch fe geir llun o waith Antony Gormley - cerflunwaith a elwir European Field. Mae'r cyfanwaith yn cynnwys casgliad o ffigurau bychan terracotta wedi eu lleoli i ffurfio torf enfawr sy'n llenwi ystafell yn gyfangwbl. Yr awgrym cryfaf a ddeillia ohono yw'r syniad bod rhywbeth yn y broses o gael ei greu. Mae nhw'n awgrymu twf. Rydym oll yn chwilio am dwf tebyg i fod yn fodlon yn ein bywydau bach, ac yn hynny o beth mae'r cerflunwaith yn ddarlun ohonom oll.

❖ ❖ ❖ ❖ ❖

5

Ar ddiwrnod Ewrop rwyn cael fy nhynnu at eiriau syml Hannah Hauxwell pan y bu'n rhaid iddi adael hen ffermdy Low Birk Hatt yn Baldersdale lle treuliodd ei holl oes. Petaen ninnau i gyd yn Ewrop yn medru gwerthfawrogi ein gilydd buasen ninnau hefyd yn medru ymfalchio yn ein gwreiddiau . Wrth edrych ar ei hen gynefin a pherthyn dywedodd yn hunan-feddianol "Lle bynnag byddaf yn mynd .... beth bynnag fydda i ......dyma fi yn y bôn." Roedd yn mynd â'r ffermdy anial a holl draddodiad ei theulu gyda hi i newydd drigfan.

"Wrth gwrs, mae'n siwr y bydd raid i mi adael y lle ...Fydd o ddim yn beth hawdd i'w wneud. Ond ymhen blynyddoedd os welwch chi ysbryd yn cerdded yma, mi fedrwch chi fod reit siwr mai fi fydd o."

❖ ❖ ❖ ❖ ❖

6

Ambell dro, byr o amser a gawn i wneud argraff. Ganwyd Rudolph Valentino yn Hollywood ar y dyddiad hwn ym 1895 - tad rhamant ar y sgrîn. Ond roedd yn marw yn 31 oed ym 1926 yn dilyn chwe mlynedd o fod ym myd y ffilmiau mud. Cofiwn ef am ei tango, ac yn ei ffilm *"Sheik"* pan gychwynnodd ddiddordeb mawr mewn ffasiwn a phethau Arabaidd. Cofiwn ef hefyd yn ifanc.

❖ ❖ ❖ ❖ ❖

7

Gweddus â Mai yn ei gogoniant yw troi'n sylw at ddiogelu'r Amgylchfyd.

GWEDDI'R AMGYLCHFYD.

Diolch i ti Dduw am dy ryfeddodau. Fel y dywed y gân o'r ffilm y *"Lion King"* - o'r eiliad y'n genir mae gormodedd i ni ei weld o ryfeddodau y ddaear. Ond helpa ni i weld y rhyfeddodau sydd o fewn cylch ein profiad ni - Gwên annisgwyl, gair caredig o ddiolch, yr harddwch sydd mewn llygaid.

Diolch ein bod ni'n byw mewn ardal a gwlad sydd â chymaint o harddwch yn perthyn iddi. Boed i ni ei chadw hi yn rhydd rhag llygredd, a gofyn i lywodraeth Gwledydd Prydain am ddoethineb wrth drin y llygredd na allwn ei weld - Ymbelydredd sy'n bygwth ein dyfroedd a'n daear. Gwna'n siwr ein bod ni'n cadw ehangder mawr y mynydd yn lân, bwrlwm y môr a'r afonydd a'u cylchdro naturiol - yn brofiad i ni gyd.

Yn fwy fyth Dduw gofynnwn am olchi'r llygredd sydd ynom ni fel pobl - y geiriau cas, y lladd ar bersonau arbennig, cenfigen a brifo sy'n troi harddwch y llygaid yn lygaid hyll y trown i ffwrdd oddi wrthynt. Rho dudalen lân o bosibiladau i ni, fel bod ein darn jigso bach ni ym mhatrwm Duw yn disgleirio ac yn rhydd o lygredd. Amen.

❖ ❖ ❖ ❖ ❖

8

Ar y dyddiad hwn ym 1945 daeth yr Ail Ryfel Byd i ben. Byddaf yn aml yn meddwl am fy nhad yn ŵr ifanc iawn - wedi bod yn yr anialwch ac yn yr Eidal. Meddyliaf amdano a'i gyfeillion ifanc yn cael eu gyrru ar ôl cyhoeddi fod y rhyfel ar ben am ddiwrnod allan i Venice ar eu ffordd adref. Lle gwell ? Mae'r dyddiad hwn yn ddiwrnod y Groes Goch hefyd. Mewn Eglwys ym Munich ym 1947 roedd gan Corrie Ten Boom y dasg o wynebu un o'i phoenydwyr yn y gwersylloedd crynhoi. Mae'r cyn-gard a fu'n gweinyddu artaith iddi hi a'i theulu yn gofyn iddi am faddeuant. Dyma fel mae'n adrodd yr hanes :

Roedd yn rhaid i mi ei wneud o roeddwn i'n gwybod hynny. Mae'r neges fod Duw yn maddau efo amod i ni : ein bod ni'n maddau i'r bobl sydd wedi ein brifo ni. Yn ôl Iesu "Os na wnewch chi faddau i bobl eu dyledion, ni fydd eich Tad yn y nefoedd yn maddau i chi."

Roeddwn i yn dal i sefyll yno efo'r oerfel yn gafael am fy nghalon. Ond mae maddeuant yn codi o awydd, a gall yr awydd ddal i fod ar waethaf tymheredd y galon. "Iesu, helpa fi" gweddiais yn dawel. "Fedra i godi fy llaw. Fedra i wneud cymaint â hynny. Rho Di y temlad i mi."

Felly yn brenaidd a mecanyddol taflais fy llaw at yr un oedd yn disgwyl amdana i. Ac wrth i mi wneud, fe ddigwyddodd rhywbeth rhyfeddol iawn. Cychwynodd cerrynt o gynhesrwydd yn fy ysgwydd, saethodd i lawr fy mraich, a chyrraedd lle'r oedd ein dwy law yn uno. A daeth y cynhesrwydd gwellhad ma i lenwi fy holl fodolaeth, gan ddod â dagrau i'm llygaid.

"Dwi'n maddau i ti, fy mrawd" gwaeddais innau "Gyda'm holl galon."

Am ennyd hir gafaelom am ddwylo ein gilydd - y cyn-gard a'r cyn garcharor. Doeddwn i erioed wedi adnabod cariad Duw mor deimladol ac yr oeddwn wedi gwneud y pryd hynny."

❖ ❖ ❖ ❖ ❖

9

Ar y dyddiad hwn ym 1131 y sefydlwyd Abaty Tintyrn yr Abaty Sistersiaidd cyntaf yng Nghymru, a chofiwn am rym safleoedd fel hyn yn ein hanes. Cofiwn yn y Gogledd am Abaty Glyn y Groes ac Abaty Dinas Basing fu'n cynnig eu heddwch ac yn gyfryngau cymod.

DIOLCH AM FADDEUANT.

Diolchwn dy fod ,O Dduw, yn rhoi y ddawn i ni fedru maddau yn nerth y tu mewn.Diolch am y meddalwch sy'n ail-gynnig cadarn.

Dysg i ni fedru derbyn yn gariadus y masgiau hyn ar eu taith at y Gwir. Bydd yn agos at y bobl sydd â'u bywydau yn act mawr. Cynorthwya nhw drwy'r nos at dy Oleuni Di. Helpa iddynt wynebu eu hunain a llanast eu bywydau.

Bydd yn gymorth i bawb i ddod i nabod ei gilydd a'u hunain. Diolchwn i Ti am yr holl fendithion yn ein bywydau. Lleiha rym a gafael y bobl ddrwg ar dy blant gan mai gwagedd a gynigiant oni sianelent eu hyni atat Ti. Par iddynt beidio â defnyddio pobl, ond iddynt fod eisiau gwir adnabod pobl am yr hyn ydynt, ac nid yr hyn y dymunent hwy iddynt fod.

Maddeua iddynt am eu creulondeb, a dysg iddynt rinweddau yr Ail Enedigaeth ynot Ti fel y daw i'w bywyd hwy rhywbeth amgenach. Bydd gyda'r bobl hynny sy'n methu maddau, a threiddia drwy eu chwerwedd a'u hactio fel alcali yn niwtraleiddio'r asid. Par iddynt wylo - wylo dagrau o edifeiriwch yng ngwyneb dy Gariad mawr tragwyddol. Amen.

❖ ❖ ❖ ❖ ❖

10

A hithau'n wythnos Amgylchfyd, mae gennym lawer i ymfalchio o'i blegid yng Nghymru - mae'r tomenydd glo yn cael eu harddu, mae pawb yng Nghymru yn byw o fewn 30 munud i gefn gwlad bendigedig. Mae awyr Cymru yn lanach a llai llygredig na rhannau eraill Prydain ag eithrio gogledd yr Alban. Mae traethau gorllewin Cymru ymhlith y glannaf yng Ngwledydd Prydain, ac mae gennym Ganolfan gwerth chweil i Dechnoleg Amgen ym Machynlleth ac amryw o ffermydd gwynt. Er ein bod yn trio gwella a gwneud pobl yn fwy ymwybodol o'r amgylchfyd, mae gennym hefyd lawer i fod yn ddiolchgar o'i blegid.

❖ ❖ ❖ ❖ ❖

11

Dyma ddyfyniad gan Kaspar de Graaf am y Toshiba : "Gallech ddweud fod y dyfodol yn ei ôl. Ond y tro hwn mae yma i aros." Byddaf yn meddwl am yr un cyfoesedd wrth edrych ar gynlluniau arloesol Charles Rennie Mackintosh, a dehongliadau celf pobl fel Salvador Dali o'r Swper Olaf sy'n wefreiddiol. Diolchwn am bobl sy'n creu delweddau a chelfyddyd oesol, a hynny ar ddydd geni Salvador Dali ym 1904.

❖ ❖ ❖ ❖ ❖

12

Onid hoff yw cofio'n taith
Mewn hoen i Benmon, unwaith ?
Odidog ddiwrnod ydoedd,
Rhyw Sul uwch na'r Suliau oedd ;
I ni daeth hedd o'r daith hon,
Praw o ran Pererinion.

Ar dir Môn roedd irder Mai,
Ar ei min, aerwy Menai

ddillyn yn ymestyn mal
Un dres o gannaid risial;
O dan draed roedd blodau'n drwch,
Cerddem ym mysg eu harddwch;
E fynnem gofio'u henwau
Hwy, a dwyn o'r teca'n dau,
o'u plith, ond nis dewisem, -
oni wnaed pob un yn em?

(T. Gwynn Jones.)

❖ ❖ ❖ ❖ ❖

13

Yn ystod Wythnos Amgylchfyd a phob dydd arall cofiwn am Gantigl Sant Ffransis o Assissi i'r Haul a'r elfennau :

Moliant i Ti, f'Arglwydd, am dy holl greaduriaid,
Y Brawd haul yn arbennig
A rydd i ni olau dydd ar fenthyg.
hardd ydyw, yn llachar gydag ysblander mawr.
Sieryd ef wrthym amdanat Ti, Y Goruchaf.

Moliant i Ti, f'Arglwydd, am y Brawd gwynt,
Am awyr a chwmwl, am dawelwch ac am bob tywydd,
Trwyddynt, yr wyt yn cynnal bywyd yn Dy holl greaduriaid.

Moliant i Ti,f'Arglwydd am y Chwaer Dŵr,
Mor ddefnyddiol a gostyngedig,
Gwerthfawr a phur.

Moliant i Ti, f'Arglwydd, am y Brawd Tân,
Trwyddo yr wyt yn goleuo'r nos ;
Y mae'n hyfryd a dymunol, yn gadarn a nerthol.

Moliant i Ti f'Arglwydd, am ein Chwaer Daear, Y Fam
Sydd yn ein cynnal ni ac yn ein cyfeirio ni
Ac sydd yn dwyn ffrwyth amrywiol, blodau lliwgar a phlanhigion.

14

Ar y dydd hwn y cysegrwyd Paddy's Wigwam neu Gadeirlan Catholig Crist y Brenin Lerpwl yn 1967 . Hefyd ym 1934 y ganwyd yr actores nodedig Siân Phillips. Hyfryd yw ei chlywed yn sôn am ei hagwedd at fywyd - ei bod hi wastad yn delio y gorau y medr hi â'r cardiau y bydd bywyd yn ei ddethol ar ei chyfer. Er ei bri byd-eang, dywed bod doethineb ei phentre genedigol Gwaun Cae Gurwen a phobl Ddyffryn Aman yn glynu am ei sodlau lle bynnag y bydd. Hefyd mewn darlith deledu fe'i clywais yn dweud efo celfyddyd neu greu o unrhyw fath ei bod hi'n werth cymryd siawns - "Gwell gofyn am faddeuant nac am ganiatâd."

❖ ❖ ❖ ❖ ❖

15

Dros y blynyddoedd mae Cymorth Cristnogol wedi bathu llawer arwyddair effeithiol i hyrwyddo eu hwythnos o dynnu sylw at eu hymgyrchoedd a'u gwaith da - un o'r mwyaf nodedig oedd "Credwn mewn byw cyn marw". Rai blynyddoedd yn ôl yn eu cyhoeddusrwydd cafwyd y weddi fer, syml hon oedd yn mynd yn syth at fy nghalon i :

"Yr ydym yn perthyn i'r gymuned fyd-eang ;
i'r cyfan sy'n dda a'r cyfan sy'n wael ynddi.
Helpa ni i chwarae ein rhan, i ysgwyddo'n cyfran ni o'n cyfrifoldeb,
er mwyn i ni chwerthin a wylo gyda'n gilydd. Amen.

❖ ❖ ❖ ❖ ❖

16

"Mae pobl yn credu eu bod nhw'n fy nabod i, ond dyden nhw ddim. Ddim go iawn. Mewn gwirionedd fi ydy un o'r bobl mwyaf unig ar wyneb y ddaear 'ma. Dwi'n crio weithiau oherwydd ei fod o'n brifo. Mae o. I fod yn onest, mi allech chi ddweud ei bod hi'n brifo i fod yn fi." Pwy sydd berchen geiriau mor ddewr ac ysgytwol ? Brenin pop Michael Jackson. Cofiwn amdano ac eraill sydd yn llygad y cyhoedd drwy'r amser, a'u neges i ni yn gryf iawn nad ydy ffortiwn yn dod â bodlonrwydd mewnol.

17

Ym 1888 cafwyd terfysg yn Llannefydd, Dyffryn Clwyd yn erbyn y Degwm. Pobl gyffredin yn ymladd am eu hawliau. Yn yr un modd heddiw yn ein byd, er bod y dillad a'r ffasiwn yn wahanol. Dyma addasiad o un o ganeuon Willy Russell o'i ddrama gerdd wych *"Blood Brothers"* :

"Teipiwch lythyr Miss Jones
Drwg gennym eich hysbysu
Oherwydd amgylchiadau
y tu hwnt i mi
Ymddeoliad cynnar
yn wir nid oes eich hangen
Arwydd yn wir, o'r oes, Miss Jones
rhyw arwydd bach anffodus o'n hoes."

Yna mae Miss Jones hithau yn cael ei diswyddo :

"Sych dy ddagrau Miss Jones
di petha'm mor ddrwg ag y meddyliwch
cynefinwch â diweithdra
mewn rhyw flwydd neu ddwy.
Mae diweithdra'n bleser amgen
Y term yn awr yw "Hamdden"
Arwydd yn wir, o'r oes, Miss Jones
rhyw arwydd bach anffodus o'n hoes."

❖ ❖ ❖ ❖ ❖

18

Ym 1922 darlledwyd y Neges Heddwch gyntaf gan Urdd Gobaith Cymru. Gwahanol iawn yw swyddogaeth y newyddion y dyddiau hyn fe ymddengys. Gall sensori a pherchnogaeth cwmniau darlledu ddoctora yr hyn a welwn. Fersiwn o'r gwir ydy'r newyddion, ac mae dadlau a ydy rhaglenni newyddion i raddau yn mynd yn rhaglenni adloniant ysgafn. Dyfyniad dadlennol iawn yn ystod Rhyfel y Culfor oedd y canlynol : "Doedd dim llawer o bwynt gollwng taflegrau ar Baghdad os nad oedd Cable Network News yno gyntaf."

19

"Dwedwch fawrion o wybodaeth,
O ba beth y gwnaethpwyd hiraeth ;
A pha ddefnydd a roid ynddo
Na ddarfyddai wrth ei wisgo.

Derfydd aur, a derfydd arian,
Derfydd melfed, derfydd sidan,
Derfydd pob dilledyn helaeth;
Eto er hyn ni dderfydd hiraeth."
(Penillion gwerin)

❖ ❖ ❖ ❖ ❖

20

Ym 1867 dechreuwyd adeiladu Neuadd Albert Llundain. Mae'n ganolfan a gymerwn braidd yn ganiataol ond yn ganolog yn hanes cyngherddau Gwledydd Prydain. Fe gefais innau'r profiad arbennig hwnnw o glywed Mil o Leisiau Meibion yno, a chlywed yr alawon yn codi'r to. Teimlwn fel Gwyn Thomas ar ddiwedd ei gerdd gofiadwy i'r Côr Meibion :
"A ! wedyn," chwedl hen arweinydd,
"Wedyn mi fydd yn fy llygad i ddeigryn.
A phan glywa' i 'Teilwng yw'r Oen'
yn tyfu, yn dyrchafu, yn dygyfor
Drwy'r côr, drwy'r meibion,
Mi wn mai Duw da a wnaeth ddynion."

❖ ❖ ❖ ❖ ❖

21

Ym 1471 ganwyd Albrecht Durer yr arlunydd Almaenig a roddodd i ni'r llun enwog o ddwylo'n gweddïo. Dyma'r darlun a ysbrydolodd T. Rowland Hughes :

"Dwy law yn erfyn sydd yn y darlun
    Wrth ymyl fy ngwely i ;
Bob bore a nos, mae'u gweddi'n un dlos

Mi wn er na chlywaf hi.

ac yna'r pennill olaf bendigedig :

Rhyw nos fach dawel, fe ddwg yr awel
O ymyl fy ngwely i
Y weddi i'r sêr, fel eos o bêr,
A minnau'n ei chlywed hi."

❖ ❖ ❖ ❖ ❖

22

"Un funud fach cyn elo'r haul o'r wybren,
Un funud fwyn cyn delo'r hwyr i'w hynt,
I gofio am y pethau angofiedig
Ar goll yn awr yn llwch yr amser gynt."

(Waldo Williams)

❖ ❖ ❖ ❖ ❖

23

Dyma linellau gobeithiol o gywydd Dafydd Franklin Jones i Fro Maelor :

"I'r iaith, ba hynt ? Rhuthrwynt rhydd
Sy'n 'mosod dros ein meysydd.

Heddiw'n braf cynaeafwyd
Egin llawn o Forgan Llwyd.

Maelor, pa obaith fory ?
Arnat cau mae dyddiau du.

Yn ein tir mae gwanwyn teg
Yn glasu yn Eglwyseg."

❖ ❖ ❖ ❖ ❖

24

Ym 1789 ganwyd Elizabeth Davies (Beti Cadwaladr) a deithiodd y byd fel nyrs, gan weithio i Florence Nightingale ar un adeg. O ardal y Bala y deuai yn wreiddiol, ac yn flynyddol bydd cymdeithas o nyrsus Cymraeg yn cyfarfod â'i gilydd Cymdeithas Beti Cadwaladr.

❖ ❖ ❖ ❖ ❖

25

Mae gan Sheenagh Pugh gerdd arbennig o'r enw *"The Woodcarver of Stendal."* Yn y gerdd mae cynrychiolydd o Eglwys yn dod at y cerfiwr yn gofyn am gerfiad coed o ddisgyblion Iesu. Mae'r cerfiwr yn synnu eu bod nhw isio Jiwdas, ond set cyflawn sydd angen. Yna mae'n dechrau edrych ar y bobl yn ei amgylchfyd i geisio cael syniadau ar sut i gerfio Jiwdas. Er bod o'n gweld y drwg mewn pobl yn ddigon eglur,rhaid iddo dderbyn hefyd bod da ynglyn â nhw.Roedd mewn penbleth hyd nes y mae'n gweld y drwg yn ei fynwes ef ei hun sy'n helpu iddo gerfio Jiwdas :

"Only a great sadness marks him out,
and that was mine. I scraped my heart
when I planed him. John, James, even Thomas,
they were names, nothing beside this Judas
noosed in my grief."

❖ ❖ ❖ ❖ ❖

26

Dydd Sant Awgwstin - Archesgob cyntaf Caergaint a yrrwyd gan y Pâb Gregori y Cyntaf i droi Gwledydd Prydain yn Gristnogol yn 597. Ceisiodd uno'r Eglwys Gelataidd ac Eglwys Rufeinig. Un o'i dddywediadau enwog yw'r canlynol sydd yn fy ysbrydoli :
"Heb Dduw fedrwn ni ddim. Heb ni, wnaiff Duw ddim."

❖ ❖ ❖ ❖ ❖

27

Mae'n dymor yr Eisteddfodau - Gŵyl Ieuenctid fwyaf Ewrop, Eisteddfod Genedlaethol yr Urdd, yn goleuo broydd Cymru. Ond cyn belled yn ôl â 1567 cofnodwyd yr Eisteddfod gyntaf yn nheyrnasiad Elisabeth y Cyntaf, a hynny dan ei chomisiwn yng Nghaerwys. Cofnodir yr Eisteddfod gan wydr lliw hyfryd yn Eglwys Caerwys. Dyma'r adeg hefyd y daw'r byd llenyddol i'r Gelli Gandryll ar gyfer Gŵyl Lenyddol y Gelli. Dyddiau llawen, difyr. Atgofion yfory. Diolch amdanynt oll.

Un o enillwyr Eisteddfod yr Urdd oedd Aled Jones Llandegfan, ac fe arweiniodd ei dalent mawr at gyflwyno Disg Aur i Aled ar y dyddiad hwn ym 1986. Rydym oll yn cofio yr Eisteddfodau cylch a sir maith, braf rheiny, er ein bod ni'n cwyno! Yna fel y cofnododd Gwyn Thomas ar ddiwedd y gerdd y chwithdod rhyfedd hwnnw :

"Dim plant, dim plant, dim plant,
Dim crisbs, dim athrawon, dim mamau,
Dim bagiau, dim brechdanau,
Dim neiniau, dim cotiau.
Distawrwydd. Neuadd wag, a'r mudandod
Hwnnw sy'n dyfod i ganlyn pob steddfod."

❖ ❖ ❖ ❖ ❖

28

Addewid Crist "Ac yn awr, yr wyf fi gyda chwi bob amser hyd ddiwedd y byd."

❖ ❖ ❖ ❖ ❖

29

Un o'r areithiau Llywydd y Dydd gorau a glywais i erioed oedd John Ogwen yn Eisteddfod yr Urdd Bethesda 1986.

"Mae nhw'n tough, mighty tough yn tŷ ni
Mae nhw'n torri bara menyn efo lli'
Maen nhw'n byta weiar netin
Ac....

O ydyn, rydyn ni'n tough. Brîd caled ydi brîd y chwarel. Ac ryn ni'n dal yma. Lle i visitors ydy Castell Penrhyn heddiw. Wnaeth yr hen wal fawr 'na ddim gweithio, naddo, mei lord ? .. Tasai'r hen lord yn ei gastell heddiw, mi fuasai'n meddwl yn siwr mai ei enedigaeth fraint o oedd cael bod yn llywydd. Sgwn i beth fuasai o'n ei ddweud tasai o'n gwybod mai mab i chwarelwr sydd wedi cael y fraint ?"

❖ ❖ ❖ ❖ ❖

30

Ym 1431 merthyrwyd Jean D'Arc ar y dydd hwn. Pan oeddwn i yn ifanc iawn rwyn cofio canu cân o'r enw Lili'r Grawys, ac fe ddaeth i'm cof wrth sylwi ar gofeb arbennig iawn ym mynwent Wrecsam. Bedd i'r plant na gafodd gyfle ydyw - y plant bach rheiny na fuodd fyw yn hir neu a anwyd wedi marw yn y groth. Mae'n fedd sydd wastad yn ir i rieni a pherthnasau, ac mae rhywbeth hynod o hardd yn yr ysgrifen syml a geir arno yn Gymraeg : "Fy Arglwydd a aeth i'w ardd i geisio lili."

❖ ❖ ❖ ❖ ❖

31

Ym 1865 fe aeth y fintai gyntaf o 150 o Lerpwl ar y Mimosa am y Gymru newydd dros y lli. Ym 1819 ganwyd y bardd Americanaidd Walt Whitman, ac yn ddiweddar cyhoeddwyd addasiad Cymraeg o'i waith gan Wasg Gregynog. Yn "Cymodi" dywed

"Hardd yw bod rhaid i ryfel a'i holl laddfeydd fynd yn angof yn y diwedd,
A bod dwylo'r ddwy chwaer Nos ac Angau yn tyner olchi'n ddibaid, ddi-ddiwedd, drosodd a throsodd, fudreddi'r byd." (1865)

❖ ❖ ❖ ❖ ❖ ❖ ❖ ❖ ❖ ❖

1

Cofiwn am eni Marilyn Monroe ar y dyddiad hwn ym 1926, ac am y Weddi arbennig a ysgrifennwyd drosti. Mae'r gerdd yn dweud llawer am ein canrif ni, ac fel prawf yn y coleg ers talwm bu'n rhaid i ni ei haddasu i'r Gymraeg. Dyma fy addasiad i:

GWEDDI DROS MARILYN MONROE.

Arglwydd derbyn y ferch hon
a elwir Marilyn Monroe drwy'r byd
er nad hynny yw ei henw iawn
(ond fe wyddost ei henw iawn, y plentyn amddifad
a dreisiwyd yn naw oed,
y ferch siop a geisiodd hunanladdiad
pan oedd hi'n un ar bymtheg)
bellach daw i'th bresenoldeb heb golur
heb ei Hasiant i'r Wasg
heb ei lluniau a heb lofnodi
yn unig fel gofodwr yn wynebu düwch y bydysawd.

Pan yn ferch breuddwydiodd ei bod hi'n noeth yn yr Eglwys
(yn ôl *Time*)
yn sefyll gerbron y lliaws a'u pennau i lawr,
ac roedd yn rhaid iddi gerdded ar flaenau'i thraed
i osgoi y pennau.
Rwyt ti yn deall ein breuddwydion yn well na'r un seiciatrydd.
Eglwys, tŷ, ogof -maent oll yn cynrychioli diogelwch y groth
ond hefyd rhywbeth mwy .....
Edmygwyr yw'r pennau (Torf o bennau
yn y tywyllwch o dan y pelydryn sy'n taro'r sgrin)
ond nid 20th Century Fox yw'r deml.
Y deml o farmor ac aur yw teml dy gorff
ac mae Mab y Dyn yno gyda'i chwip yn ei law
yn gyrru cyfnewidwyr pres 20th Century Fox ymaith
am iddynt halogi dy dŷ cwrdd a'i droi'n ogof lladron.

Arglwydd, yn y byd hwn
a lygrwyd cymaint gan ymbelydredd a phechod,
dwi'n siwr na wnei di feio merch siop
a oedd fel unrhyw ferch siop arall wedi breuddwydio

am fod yn seren.
A daeth ei breuddwyd yn wir (yn wirionedd Technicolour)
y cyfan a wnaeth oedd dilyn y sgript roesom ni yn ei llaw,
sgript ein bywydau ni, ond doedd dim ystyr iddo.
Maddau iddi Dduw, ac i ninnau hefyd
am ein hugeinfed ganrif
ac am ein rhan ni oll yn ei Uwch Gynhyrchiad Mawreddog.

Roedd hi'n newynu am gariad ac mi gynigion ni dabledi.
I drin y tristwch o beidio â bod yn sant
cynigiwyd seicoasesiad.
Cofia Dduw am ei hofn cynyddol o lygad y camera
ei chasineb o golur (ac eto'n mynnu cael ei
choluro o'r newydd i bob golygfa) a chofia fel y tyfodd yr ofn
ac fel y cyrhaeddai'n hwyr i'r stiwdio.

Fel unrhyw ferch siop arall breuddwydiodd
am fod yn seren.
Ac roedd ei bywyd mor afreal â breuddwyd y bydd arbenigwr
yn ei darllen a'i ffeilio.

Roedd ei rhamant yn gusanau â'i llygad ynghau
a phan agorodd ei llygaid
gwelwyd eu bod yn cael eu hactio o dan y llif oleuadau,
ond diffoddwyd hwy,
a dymchwelwyd muriau'r stafell (set oeddynt)
mae'r Cyfarwyddwr yn symud ymaith gyda'i lyfr nodiadau yn ei law,
mae'r olygfa wedi ei chipio.
Fel mordaith ar *yacht*, cusan yn Singapore, dawns yn Rio;
derbyniad ym mhlasdy Dug a Duges Windsor
i gyd yn cael eu gwylio mewn amgylchfyd hen fflat drist.

Terfynodd y ffilm heb y gusan olaf.
Canfuwyd hi yn farw yn ei gwely, a'i llaw ar y ffôn.
Ac ni wyddai'r gwŷr ditectif pwy oedd hi'n geisio ei ffonio.
Roedd fel petai
rhywun wedi deialu yr unig lais cyfeillgar
a chlywed neges ar y peiriant ateb yn dweud yn unig "Rhif Anghywir"
neu fel rhywun a anafwyd gan y giangster

yn estyn allan a'r ffôn wedi'i ddatgysylltu.
Arglwydd
pwy bynnag roedd hi'n trio cael gafael arnyn nhw ar y ffôn
ond na lwyddodd hi (ac efallai nad oedd yn neb arbennig,
neu yn Rhywun heb eu henw wedi ei restru
yn llyfr ffôn Los Angeles)
Arglwydd, ateba y ffôn.

❖ ❖ ❖ ❖ ❖

2

Ym 1834 bu farw yr emynydd nodedig David Charles, ac ar adegau rydym oll wedi bod yn ddiolchgar am ei eiriau rwyn sicr o hynny :

"Pan oeddym ni mewn carchar tywyll du,
Rhoist in oleuni nefol.
Haleliwia, Amen."

Cofiaf ganu hon mewn eglwys ar lwybr y Groes yn Jerwsalem, ac er ein bod ni bererinion o Gymru yn canu yn y Gymraeg, roedd pawb oedd yn yr eglwys yn medru ymuno yn y gytgan ryngwladol "Haleliwia, Amen".

❖ ❖ ❖ ❖ ❖

3

Ym 1867 agorwyd Bont y Bermo ar gyfer cludo trên y G.W.R. Ni fuasai tref y Bermo yr un fath heb ei drên , heb y cyswllt mawr â byd y dwyrain a ddaw dros y bont sydd â phry teredo yn bygwth ei seiliau. Mae gan Robert Morley ddarn doniol yn ei "Lyfr o Bryderon" o dan y pennawd Trenau. Rydym i gyd yn gyfarwydd â sefyllfaoedd tebyg i hyn :

"Mae'r pryder hwn yn cychwyn efo'r Amserlen. Fedrwch chi ddim sicrhau digon fod run camgymeriad wedi ei wneud am ddydd yr wythnos, mis y flwyddyn, ac os yw'n ofynnol newid yn Cheltenham. Efallai mai'r peth gorau yw ffonio Ymholiadau Teithwyr pan mae gennych fore rhydd. Yn ddiamau byddwch eisiau cyrraedd y stesion mewn pryd, er mwyn rhoi hen ddigon o amser i chi fwynhau pryderu ynglŷn â diflaniad porthorion, a sut i gael eich paciau ar y troli (os fedrwch chi ddod o hyd i un), a sut i fynd i fyny ac i lawr y grisiau. Chwarter awr yn hwyrach na'r adeg y dylai eich tacsi gyrraedd wrth eich drws - mae hynny wastad yn adeg o bryder mawr.

Wedi i chi gyrraedd yr orsaf reilffordd, mae na funudau pryderus o'ch blaen tra'r ydych yn disgwyl yn y ciw tocynnau. Mae'r dyddiau pan yr argraffwyd ticedi parod, wedi mynd heibio ynghyd â mwyafrif y clercod. Anaml iawn y ceir mwy nag un ffenest ar agor, a bydd y mwyafrif o'r teithwyr eraill yn talu efo cerdyn credyd neu'n teithio ar ostyngiadau amheus. Mae'r gwaith papur ynghlwm â hyn yn lluosog ac mae'r pryder yn cynyddu wrth i'r bobl o'ch blaen chwilio eu pocedi am dystysgrifau geni, prawf adnabyddiaeth a'ch haeddiant i dderbyn gostyngiad. Bydd y demtasiwn i brysuro pethau yn eu blaenau trwy ddweud fod gennych chi drên i'w ddal yn cael eu hanwybyddu tra bo cymhlethion gostyngiadau i deulu un rhiant ar daith dwy noson i Fae Colwyn ac yn teithio efo'i thri plentyn - un am ddim, un yn cael ei chario a'r llall yng ngofal ei nain oedrannus (mwy o ostyngiadau yma) - yn cael eu hamcangyfrif.

Mae'r uchel seinydd (ar wahân i gyhoeddi'n aneglur ar ba blatfform y mae eich trên i'w ganfod) yn ymddiddori mewn nifer o bryderon amherthynol. Pam er enghraifft y dylai rhyw Mrs Carstairs sy'n cyfarfod ei merch oddi ar y trên o Wolverhampton gael ei hannog i gysylltu â'r gorsaf feistr? Mae'n rhaid bod cyfres o bosibiliadau erchyll yn cyflwyno eu hunain i berson sy'n malio. Ddaru ei merch gyfarfod â damwain angeuol cyn cymryd ei sedd yn y trên hyd yn oed? Na fyddai hynny wedi caniatau amser i rywun gysylltu efo Mrs Carstairs. Mae'n rhaid fod rhywbeth wedi digwydd ar ôl i'r tren adael Wolverhampton a thra bod merch Mrs Carstairs yn incommunicado. A gafwyd damwain ar y lein? Ond yn yr achos hwnnw mae'n siwr y byddai pob teithiwr, cyfaill a pherthynas wedi cael gwybod. Falle iddi syrthio allan drwy'r ffenest neu ar y trac yn union ar ôl i'r injian gyflymu, ac mae hi wedi cymryd amser (yn naturiol) cyn y gellid adnabod y corff. Mae'n debygol na chewch chi fyth wybod y gwir ynglŷn â hyn, mwy na chewch chi wybod pam fod angen yr aelod o Ambiwlans Sant Ioan yn y swyddfa barseli; ond mae'n rhywbeth i chi feddwl amdano wrth i chi eistedd yn eich cerbyd trên yn sidro pam nad adawodd y trên ar amser, ac a ydy'r gŵr ifanc ynghwsg gyferbyn â chi yn dioddef o dwymyn trofanol ffyrnig neu a ydy o yn y cyflwr hynny oherwydd problem cyffuriau? Ar ôl cyfnod pellach heb i'r trên symud, gallwch ddechrau gofyn i chi'ch hunan ai hwn yw'r trên yr oeddech wedi'i ddychmygu oedd o, neu a yw'n bosib mai'r trên arall sydd yn symud allan o'r orsaf ar lein wahanol oedd yr un y dylech chi fod arno ar gyfer Ledbury?

Ar yr union adeg pan ydych yn ymestyn allan drwy'r ffenest i geisio cysur cyd-deithiwr neu fân swyddog a fyddwch chi ymhen hir a hwyr yn cael eich gollwng lle y dymunwch, mae'r trên yn symud i ffwrdd yn sydyn. Yn ogystal â'r pryder a ydych bellach yn gyrru ffwl spid yn y cyfeiriad anghywir, mae'r pryder ychwanegol - a gofioch chi ddod â'ch bag sbwng? Ddaru chi ei adael o ar sêt y toilet? Erbyn hyn rydych bron yn sicr i chi wneud yn union hynny. Dach chi'n mynd yn fwy a mwy pryderus oherwydd eich anghofrwydd, ac ynglŷn â'ch cydymaith yn y cerbyd a'i liw erchyll a'i fwmian annealladwy sy'n peri i chi chwilio am union leoliad y cortyn diogelwch.

Ar gyfer y poenwr parhaus ar daith, nid oes rhaid i mi awgrymu pryderon pellach i chi eu mwynhau ar y daith. Mae gennych gyflenwad digonol yn amrywio o feddwl a oedd y trên yn mynd drwy stesion pan dynnoch chi'r tsiaen, neu boeni a yw'r llanc a adawsoch yn cysgu, bellach yn crwydro ar y platfform yn dilyn sgil-effeithiau pot, efo pwysau ychwanegol eich eiddo chi? Erbyn hyn byddwch wedi cael eich cysuro eich bod chi yn sicr yn mynd i gyrraedd Ledbury - a chan fod y trên union awr a hanner yn hwyr, y byddwch wedi methu'r cyfarfod coffa.

❖ ❖ ❖ ❖ ❖

4

Dyma sut y gwêl Joyce Grenfell Haf ei bywyd :
"Pan rôn i'n wraig ifanc
roedd 'na wastad amser i'w sbario.
Roedd 'na wastad amser i gerdded yn yr haul
ac yn ddiffael
aem i briodasau
rhai'n hunain a'n ffrindiau,
i ffwrdd am benwythnosau
a chael plant
a'u magu nhw
a siarad, siarad, siarad, siarad.
Pan rôn i'n wraig ifanc roedd na wastad flas ar fyw.
Diolch i Dduw.

5

Mae'r Haf gyda ni, a'r angen ar bob un ohonom am ddiwrnod allan. Fel hyn y soniodd Maya Angelou :

Addasiad o "DIWRNOD I FFWRDD" gan Maya Angelou.

"Yn aml dan ni'n credu bod materion ein byw - bach neu fawr- yn gorfod cael sylw parhaol a manwl, rhag ofn i'n byd ddatgymalu, ac y byddwn yn colli ein safle yn y bydysawd. Dydy hyn ddim yn wir, neu os ydyw'n wir, yna roedd ein safleoedd yn rhai oedd cymaint dros dro fel y buasen nhw wedi dymchwel beth bynnag.

Bob hyn a hyn mi fydda i yn rhoi diwrnod i ffwrdd i mi fy hun. Cyn diwrnod y diflannu, byddaf yn dechrau dadwneud y clymau sy'n fy nal yn dynn. Byddaf yn hysbysu eraill yn fy nhŷ, fy nheulu a ffrindiau agos na fydd modd cael gafael arna i am bedair awr ar hugain, yna byddaf yn datgysylltu'r ffôn. Rwyn troi nodwydd y radio at orsaf sy'n gerddoriaeth i gyd, gorau oll os yw'n chwarae hen fefrynnau cysurlon. Byddaf yn eistedd am o leiaf awr mewn baddon poeth; yna gosodaf fy nillad allan mewn paratoad ar gyfer dianc yn y bore. Gan wybod na fydd unrhyw beth yn amharu arnaf byddaf yn cysgu cwsg y cyfiawn.

Fore drannoeth byddaf yn deffro'n naturiol gan na fyddaf wedi gosod yr un cloc, na dweud wrth gloc fy nghorff fod yn rhaid codi ar ryw awr arbennig. Gwisgaf esgidiau cyfforddus, a dillad hamddenol a gadawaf y tŷ gan fynd i nunlle yn arbennig. Os ydw i yn y ddinas crwydraf strydoedd, edrychaf ar ffenestri siopau, neu syllu ar adeiladau. Af i mewn ac allan o barciau cyhoeddus, llyfrgelloedd a chynteddau adeiladau uchel a sinemâu. Fydda i ddim yn aros yn unman am yn hir iawn.

Ar ddiwrnod y dianc rwyn ceisio anghofio popeth. Dydw i ddim yn awyddus i wybod fy enw, lle dwi'n byw, na faint o gyfrifoldebau trwm sy'n gorwedd ar f'ysgwyddau. Rwyn casau cyfarfod hyd yn oed ffrind agos, achos wedyn dwi'n cael f'atgoffa o bwy ydw i, amgylchiadau fy mywyd, yr hyn rwyn geisio ei anghofio am ychydig.

Mae angen i bawb gymryd diwrnod i ffwrdd. Dydd lle y mae rhywun yn fwriadol wahanu y gorffennol oddi wrth y dyfodol. Gall swyddi, cariadon, teulu, cyflogwyr a ffrindiau fodoli am ddiwrnod heb yr un ohonom, ac os yw ein ego yn caniatau i ni gyfadde, gallant fodoli'n dragwyddol yn ein habsenoldeb.

Mae pob person yn haeddu diwrnod i ffwrdd lle nad oes raid wynebu unrhyw broblemau, na chwilio am unrhyw atebion. Mae angen i ni gyd gilio oddi wrth y gofalon fydd ddim yn cilio oddi wrthym ni. Mae angen oriau o grwydro diamcan arnom, neu gyfnodau yn eistedd ar feinciau'r parc, yn gwylio byd dieithr morgrug, a tho gwyrdd y coed.

Os y diflannwn am gyfnod, nid ydym fel y byddai amryw yn tybio a chyhuddo yn bod yn anghyfrifol, ond yn hytrach rydym yn paratoi ein hunain i fod yn fwy abl i gwblhau dyletswyddau, a chyflawni yr hyn sydd raid ei wneud.

Pan ddychwelaf gartref, rwyf wastad yn rhyfeddu fod yr atebion y ceisiwn i rai cwestiynau yr oeddwn wedi eu hosgoi, wedi eu hateb ; a rhyw gymhlethdodau yr oeddwn wedi gobeithio fyddai'n diflannu, wedi setlo'u hunain yn f'absenoldeb.

Mae diwrnod i ffwrdd fel hwb dydd o wanwyn. Gall chwalu chwerwder, trawsnewid ansicrwydd ac adnewyddu'r ysbryd."

❖ ❖ ❖ ❖ ❖

6

Mae hi'n dywydd ac yn gyfnod sy'n gweddu i asbri y canu gwlad. Rhaid imi gyfadde fy mod i'n hoffi y gwrthgyferbyniad mawr sydd rhwng geiriau'r caneuon rheiny yn aml. Mae caneuon Dolly Parton yn gofiadwy fel hyn - soniodd hi am

"Yr hen ddyddiau da
Pan oedd pethau'n wael."

ac mewn cân arall fe sonia am gymeriad sydd fel eryr yn ehedeg ar ei orau, ond fel aderyn bach y to pan yw wedi ei dorri. Un o'i dywediadau cofiadwy hefyd ydy "Mae'n costio lot i edrych mor rhad â hyn."

Roedd Dolly y pedwerydd o ddeuddeg o blant a anwyd i ffermwr tlawd yn Smoky Mountains Tennessee a dyfodd gyda breuddwyd o fynd i Nashville i lwyddo ym myd canu. Bellach mae'n wraig busnes hynod lwyddiannus yn rhedeg Dollywood - parc thema sy'n clodfori ei chefndir *"hillbilly"*. Dyma gyngor Dolly : "Peidiwch byth â methu cyfle i gael hwyl. Dowch o hyd i'r hiwmor a chwerthwch - arnoch chi eich hunan yn fwyaf." Drwy bopeth yn ei bywyd mae'n tystio i'w chred yn Nuw.

7

Dydd Annibynniaeth Gweriniaeth Iwerddon. Rwyf wastad yn cael f'atgoffa am gerdd Eirian Davies i'r Ynys Werdd, er mai cyfeirio at broblemau"r Gogledd y mae. Dyma benillion ohoni :

"Bu dadlau yn y Stormont;
Dwyblaid yn hawlio'r dydd,
Un dros lywodraeth Lloeger,
Un dros Iwerddon Rydd ;
A thrwy'r cyfreithiau gwag a wnaed
Mae'r Ynys Werdd yn Ynys Waed.

Rhaid mynd â'r neges atynt
Fod Eglwys Crist yn un;
Rhaid canu am Galfaria
A'r gwaed â'n gwna'n gytûn ;
Ac o dan gyffro newydd gerdd
Daw'r Ynys Waed yn Ynys Werdd."

❖ ❖ ❖ ❖ ❖

8

Dros gyfnod y Sulgwyn 1922 y cafwyd y Neges Ewyllus Da cyntaf gan fudiad yr Urdd, ac fe ddarlledwyd y Neges am y tro cyntaf gan y BBC ym 1924 "Cenadwri plant Cymru at blant yr holl fyd trwy gyfrwng y pellebr diwifr." Dyma ran o'r darllediad cyntaf un :
"A wnewch chi, filiynau ohonoch, ymuno â ni yn ein gweddi ar i Dduw fendithio ymdrechion dynion da o bob gwlad a chenedl sydd yn gwneud eu gorau i roi terfyn ar yr hen gwerylon heb ymladd? Yna ni bydd raid i neb ohonom, pan awn yn hŷn, ddangos ein cariad tuag at wlad ein genedigaeth trwy gasau a lladd y naill a'r llall."
Bellach cysylltir dydd gyrru'r neges yn draddodiadol â Mai 18.

❖ ❖ ❖ ❖ ❖

9

Fel hyn gwêl Shakespeare Haf bywyd :

"Wedi hynny'r milwr,
El lewaidd farf, a'i estron lyfon lu ;
balch o'i anrhydedd, sydyn-sgut mewn cweryl,
yn mynnu ymgeisio am ddiflanedig glod -
Ie, yn ffroen y fagnel."

(trosiad J T Jones)

❖ ❖ ❖ ❖ ❖

10

Ganwyd Judy Garland ar y dydd hwn ym 1922, a chyn ei llwyddiant ysgubol a strapio ei bronnau i lawr i chwarae Dorothy yn "Wizard of Oz" roedd ganddi enw llawer llai rhamatus - Frances Gumm. Cofiaf wirioni arni yn ifanc iawn ac ar ramantiaeth ffilmiau fel Meet me in St Louis a chaneuon fel Have Yourself a Merry Little Christmas. Roedd cryfder a chryndod yn ei llais, a dim ond wedi tyfu i fyny mae rhywun yn sylweddoli fod y cryndod yn ei llais yn codi o broblemau personol byw o ddydd i ddydd. Cofiwn amdani ac am ei sirioldeb, er i fodryb i mi roi pin yn y swigen pan roeddwn yn ifanc iawn a dweud mai "Hen ddynes drist, pathetig oedd Judy Garland", ac roeddwn innau'n dal i fod eisiau bod ar y daith rhywle draw dros yr enfys.

❖ ❖ ❖ ❖ ❖

11

Yn y ddrama a'r ffilm *"Steel Magnolias"* am ferched sydd ynghlwm â busnes trin gwallt dywed Shelby wrth ei mam y frawddeg arbennig: "Buasai'n well gen i gael tri munud o fendigedig nag oes o ddim byd arbennig."

❖ ❖ ❖ ❖ ❖

12

Mae'n rhyfedd ambell dro fel mae rhywbeth a fwriadwyd i fod dros dro yn dod yn nodwedd sefydlog. Cymerwn ni'r Tŵr Eiffel yn Paris. Dyma brif atyniad Paris erbyn hyn ac mae'n sumbol byd-eang o'r ddinas. Ond fe'i bwriadwyd dros dro yn unig, ac ni gafodd ymateb da gan feirniaid y dydd. Cychwynwyd y gwaith ym 1889 gogyfer Arddangosfa'r Mileniwm yn 1900. Mae 1,000 troedfedd o uchder ac yn pwyso 7,000 tunell. Mae lifft i'w gopa ond gellir cerdded 1,652 o stepiau i fyny rhan ohono.

❖ ❖ ❖ ❖ ❖

13

Ganwyd W.B Yeats y bardd Gwyddelig ym 1865 ar y dyddiad hwn. Dwi'n gwirioni yn llwyr ar ei gerdd ddihangfa *"The Lake Isle of Innisfree"*, a dyma flas ar fywyd yr ynys :

"I will arise and go now, for always night and day
I hear lake water lapping with low sounds by the shore ;
While I stand on the roadway, or on the pavements grey,
I hear it in the deep heart's core."

Rydym i gyd yn dyheu am ddianc i'n Innisfree personol ni ein hunain.

❖ ❖ ❖ ❖ ❖

14

"Dwi'n greadur gwan, yma dros dro, wedi fy ngwneud o fwd ac o freuddwyd. Ond rwyn teimlo holl rymoedd y bydysawd oddi mewn i mi."
(Kazantzakis)

❖ ❖ ❖ ❖ ❖

15

Dydd Rhyngwladol y Plant ac rwyf am atgoffa fy hun o fyfyrdod i blant y mwynheais yn fawr pan yn blentyn - a'r un yw'r blas heddiw

"Tu ôl i'r dorth mae'r blawd
Tu ôl i'r blawd mae'r felin,
Tu ôl i'r felin draw ar y bryn
Mae cae o wenith melyn.

Uwchben y cae mae'r haul
sy'n lliwio pob tywysen
Uwchben yr haul mae Duw sy'n rhoi
y gwynt a'r glaw a'r heulwen."

❖ ❖ ❖ ❖ ❖

16

Ar Ddydd y Tadau cofiwn am dad arbennig - yr athro Philip Lawrence 48 oed o Ealing, Gorllewin Llundain a drywanwyd mewn ymrafael yn diogelu disgyblion y tu allan i Ysgol Gatholig St George, Maida Vale. Cafodd ei enwi yn Ŵr y Flwyddyn gan Radio 4. Ar achlysur ei farw, fe dirionodd y papurau tabloid ddigon i gyhoeddi geiriau trawiadol ei fab bychan Lucien Lawrence , 8 oed. Dyma ei weddi er cof am ei Dad :

"Duw yn y nefoedd, helpa ni i feddwl am funud am yr amser pan fyddwn ni gyd yn cyfarfod Dadi. Helpa i ni feddwl am ei garedigrwydd. Nid yn unig oedd o'n Brifathro ond roedd o'n Dadi i mi hefyd.

Dwi'n cofio'r adeg ddaru o brynu rhywbeth i mi hyd yn oed pan oedd o'n rhy ddrud. Yr adeg y dysgodd o i mi sut i sillafu geiriau. Mor dyner yr oedd o. Roedden ni'n chwarae peldroed yn y cyntedd ... hyd yn oed pan oedd ganddo fo lawer o waith i'w wneud.

Duw cariadus, helpa ni i weddio y cawn ail gyfarfod Dadi eto."

❖ ❖ ❖ ❖ ❖

17

Ar y dyddiad hwn ym 1901 y perswadiodd Esgob Lerpwl Francis James Chavasse yr Esgobaeth i adeiladu Cadeirlan Anglicanaidd. Ei arwyddair oedd "Rhaid i ni roi i Dduw nid yr hyn sy'n costio dim i ni, ond y gorau oll y gall Lerpwl ei hyfforddio." Rhyfeddol wrth ymweld rŵan yw sylwddoli nas gwireddwyd y freuddwyd o'i chwblhau tan Hydref 1978. Mae'r ffenestri lliw yno yn rhai difyr - yn ddyrus ac aneglur a bron fel un o'r lluniau Magic Eye sy'n ffasiynol rŵan. I mi maent wastad yn awgrymu dirgelwch crefydd, ac nad yw popeth yn amlwg ar amrantiad. Gwelodd John Masefield y bardd y Gadeirlan fel sumbol o Atgyfodiad ar ôl rhyfeloedd byd. Pan gynhaliwyd Gwasanaeth o ddiolchgarwch am y Gadeirlan ym 1978 dywedwyd "Bydd y gadeirlan hon, hyd yn oed i lygaid y digred, yn sefyll fel sumbol o'r hyn y gall amynedd a theyrngarwch ei gyflawni yn wyneb trafferthion diddiwedd a rhai argyfyngau. Mae'n dystiolaeth buddugoliaethus i Obaith." Teimlir hyn bob tro y bydd rhywun yn ymweld, ac mae Caffi cartrefol penigamp yn denu llawer yno hefyd!

❖ ❖ ❖ ❖ ❖

18

"Ti
ydy hufen iâ a thonnau glas
y gwyliau haf,
y barcud yn yr haul
a'r rhaff ddiogel
uwch creigiau cras y lli."

(Gwynne Williams)

❖ ❖ ❖ ❖ ❖

19

Un o'r mannau diddorol i ymweld â nhw ar Lan Ddeheuol Afon Tafwys yw Amgueddfa y Ddelwedd Symudol, ac ynddi ceir taith drwy ddechrau ffotograffi, animeiddio cynnar, Charlie Chaplin a'r ffilmiau mud, dechreuad ffilmiau rhyngwladol, gwasanaeth newyddion a rhaglenni dogfen. Gwelwn lu o ddywediadau bachog ar y paneli : Frank Lloyd Wright yn disgrifio teledu fel "Gwm cnoi i'r llygaid", ac yna barn Orson Welles "Os ydy'r tŷ yn mynd i droi yn sinema ddi-stop, Duw â helpo'r cartref." Rhywbeth i ni gnoi cil drosto.

20

"Mae'r Cyfrifiadur yn adenydd ar gyfer y meddwl." *(Jean Louis Gassee.)*

❖ ❖ ❖ ❖ ❖

21

Alban Hefin - Heuldro canol Haf, a chân werin annwyl o Forgannwg a gofnodwyd ym 1844 am y ferch Melinydd ffyddlon :

"Fe 'wed fy mod i'n euog
Oherwydd gwrid fy moch,
Os gwrida ef yn welw
mi wrida' innau'n goch;
A dwedaf yn ei wyneb
A gwyneb dewr pob dyn ;
Llawenydd Merch Melinydd
Yw caru dim ond un."

❖ ❖ ❖ ❖ ❖

22

Cofnodir ym 1402 i Owain Glyndŵr drechu'r Saeson ym Mryn Glas ger Pilleth, Powys. Ar sgwâr Corwen fe ddadorchuddiwyd cofeb i Owain Glyndwr a'i dyrchafu yn ddiweddarach. Dyma ran o gywydd Gwion Lynch i'r achlysur. Mae ei eiriau wastad yn her :

"Ar sgwâr Corwen eleni
Y mae mwy na maen i mi,
Ar hwn adeiladwn lys
Yma ar y graig rymus.

Daw'r plant i ail-godi'r plas,
Edeyrnion eto'n deyrnas,
Dyma ddaear fydd darian,
Enwau hil sydd ar wahân."

❖ ❖ ❖ ❖ ❖

23

Mae safle arbennig y tu ôl i dafarn yr Oak Tree yn Wrecsam. Arferai'r goeden dderwen a dorrwyd yn y cefn dyfu ar ben beddrod fe dybir. O amgylch y bryncyn bach hwn sydd bellach yng ngardd rhywun y deuai y tylwyth teg i ddawnsio mewn cylch. Mae'r chwedl wedi parhau yn enw'r ffordd - Ffordd y Tylwyth Teg. Mae heno'n Noswyl Ifan - noson fwyaf hudolus y flwyddyn meddan nhw, pan y daw y tylwyth teg a phob ysbryd hawddgar i'w bri drachefn ! Gwyliwch amdanynt.

❖ ❖ ❖ ❖ ❖

24

"Mae gan wybodaeth werth arbennig. Pan ydych yn ei rannu, dydych ddim yn ei golli." *(Raj Reddy)*

❖ ❖ ❖ ❖ ❖

25

"Dylai popeth gael ei wneud mor syml â phosibl, ond dim symlach." *(Albert Einstein)*.

❖ ❖ ❖ ❖ ❖

26

Dyma ddywedodd Cilla Black am ei mab lleiaf Jack yn ei Hunangofiant : "Ar nos Sul dawel cyn i Jack fynd i'r gwely, mi wna i ddarllen dipyn bach efo fo. Mae Jack fel fy mhlant hynaf i, yn mynd i ysgol breifat ac maen nhw'n siarad yn lyfli. Pan y bydda i'n darllen iddo fo dwi'n trio siarad fel mae o, ond dwi'n ei chael hi'n anodd. Pan dwi'n ynganu gair yn fy ffordd arferol i, mae o'n deud wrtha i mod i wedi'i ynganu o'n anghywir. Dyna ryfedd - dwi'n trio'i ddysgu o i ddarllen, a dyna lle mae o yn fy nghywiro i."
Mae 'na rywbeth yn sylfaenol drist yn y dyfyniad.

❖ ❖ ❖ ❖ ❖

27

Cofiaf y dywediad trawiadol oedd yn ffenest siop Glyn y Barbwr yn Bermo, a Glyn yn fud a byddar
"Just because we're deaf as a post,
don't think we're thick as a brick"
Ar y dyddiad hwn ym 1880 y ganwyd Helen Keller, a ddaeth yn ysbrydoliaeth ar waethaf ei bod yn ddall, mud a byddar. Agorwyd ei byd du iddi drwy gyfrwng ei hathrawes Anne Sullivan a'i hamynedd yn cyflwyno Braille i Helen. Cofiwn eiriau ysbrydoledig Helen :
"Credaf fod Duw ynof, fel y mae'r haul yn lliw a sawr y blodyn - y Golau yn fy nhywyllwch, a'r Llais yn fy mudandod."

❖ ❖ ❖ ❖ ❖

28

"Gwylia ŵr, mor wyn a glân
Yw lliw'r twyll o'r tu allan."

❖ ❖ ❖ ❖ ❖

29

Mae Shirley Valentine, santes y sinc golchi llestri, yn fodlon efo hi ei hun, a faint ohonom fedr ddweud fel hithau yng ngwlad Groeg :

"Yr unig romans ar fy ngwyliau dw i di gael ydy romans efo mi fy hun Joe..... A dwi'n meddwl mod i wedi dechrau dod i hoffi fy hun deud y gwir. Dwi'n meddwl mod i'n iawn Joe. Dwi'n meddwl taswn i'n gweld fi ... mi fuaswn i'n deud Mae'r wraig yna yn O.K ... Mae hi'n fyw. Dydy hi ddim byd arbennig, dydy hi ddim yn mynd i fod yn y llyfrau hanes. Ond mae hi yna yn yr amser mae hi'n byw ynddo. Mae ganddi hi ei chreithiau, ond mae'r creithiau yn profi ei bod hi'n fyw."

(Willy Russell)

❖ ❖ ❖ ❖ ❖

30

"O Gastell y Bere, yr olaf gaer,
A brawd y Llyw Olaf a'i daliai'n daer,
Ei wŷr ar ffo a phris arno fo
A'r llanw oedd yn llyncu ei wlad.
Ond mae'r Bere ar graig a derw o'i du
A Dafydd ddywedodd ar awr mor ddu :
'O dewch fy ngwŷr, 'r awr hon, fan hyn,
Rhown garreg ar garreg fan hyn.'"

(Myrddin ap Dafydd)

❖ ❖ ❖ ❖ ❖ ❖ ❖ ❖ ❖ ❖

1

Mae hi'n Ddydd y Teulu heddiw yn Lesotho - y wlad yn Ne cyfandir Affrica sydd wedi ei chysylltu â Dolen Cymru. Mae'n ymdebygu i Gymru - efo'i mynyddoedd, ei dwyieithrwydd, pwysigrwydd cynyddol twristiaeth, adnoddau dŵr, traddodiad mwyngloddio a brwdfrydedd dros addysg a chanu corawl. Ym 1948 ffurfiwyd dolen hollbwysig i ni yng Nghymru gyda agoriad Amgueddfa Werin Cymru yn Sain Ffagan - dolen bwysig i ni â'n gorffennol mewn byd sy'n ceisio bod mor unffurf.

❖ ❖ ❖ ❖ ❖

2

Haf - pan ydym yn llwyddo, yn llygad yr haul. Dyma eiriau enwog Clive James am Fri neu Ffêm.

"Roedd hi'n ymddangos fel petai Bri yn medru concro marwolaeth. Fel y datblygodd technoleg i alluogi creu unrhyw fath o ledrith, fe aeth yr ugeinfed ganrif i gyd ar fideo, ac roedd y datblygiad cyflym yn ddigon tebyg i ail-ddirwyn y tâp yn ôl i'r dechrau. Dechreuodd wynebau enwog o'r gorffennol - Humphrey Bogart a Louis Armstrong - ymddangos mewn hysbysebion cyfredol. Roedd yn rhyw fath o fywyd tragwyddol, ond ar gyfer creu delwedd yn unig. Petai'r person go iawn yn gwrthwynebu, doedd y person go iawn ddim yma. Roedd yr orchest yn dileu realaeth. Ond roedd realaeth yn dal i fod yno. Gallai Bri ei ystumio ond ddim ei ddifetha.

Roedd y Teulu Brenhinol wedi gadael cyhoeddusrwydd i mewn i furiau'r Palas o dan yr argraff ei fod yr un peth â heulwen y bore, a'r canlyniad oedd holl rasl-dasl y syrcas gyfryngau gydwladol a neb â'r gallu i reoli y canlyniad. Doedd dim llwybr yn ôl at fod yn gyfrinachol. Ni ellid rhedeg i guddio i unlle. Petai Tywysog Cymru wedi mynd i'r lleuad byddai gohebwyr wedi bod yn disgwyl amdano. Petai Tywysoges Cymru wedi mynd i leiandy, Oprah Winfrey fyddai'r Abades.

Mae Bri yn rhoddi fersiwn llachar ond cul iawn i ni o'r byd, ond hebddo ni fuasem yn gallu delio efo cymhlethdodau'r byd. Dan ni gyd isio map, ac mae pob map wedi ei symleiddio yn sylweddol. Mae naw deg naw y cant o'r holl wyddonwyr a welodd y byd wedi byw yn ystod yr ugeinfed ganrif. Fedrwn ni ddim cofio bob un ohonyn nhw, ond dan ni i gyd isio gwybod enw o leia un person sy'n medru deall yr hyn na allwn ni. Waeth iddo fod yn Einstein. Dan ni gyd angen gwybod enw o leiaf un person sy'n gallu canu mewn modd na allwn ni. Waeth i hwnnw fod yn Pavarotti, sydd yn canu oherwydd ei fod o'n caru bywyd. Dan ni gyd isio gwybod enw o leia un person sy'n dda mewn ffordd nad yden ni. Waeth i honno fod y Fam Theresa, sydd wedi'r cyfan â dim diddordeb mewn cael cytundeb recordio C.D. Dio'n gwneud dim drwg i ni mai Hitler yw ein sumbol parod o ddyn mwy dieflig na ni, Lindbergh - dyn dewrach, a'r Marlon Brando ifanc yn ŵr mwy deniadol. Mae'n gwneud daioni i ni. Mae'r enwog yn helpu ni i fyw. Yr hyn maen nhw'n ei wneud, maen nhw'n ei wneud o i ni. Yr hyn a wnawn ni iddyn nhw yw Bri. Dan ni'n eu troi nhw yn gymeriadau ac yn eu rhoi nhw mewn sioe, fersiwn modern o ddrama'r Dioddefaint. Mae'r rhai dan ni yn eu parchu yn disgleirio fel angylion, a'r rhai sy'n gofyn am gael eu haddoli yn llosgi fel gwrachod. Mae Bri, fel llawennydd , yn difetha unrhyw un sydd ar ei ôl er ei fwyn ei hun, ac yn dyrchafu y rhai hynny sydd â gwaith cymeradwy i'w wneud.

Mae'r enwog yn bwysig i'r graddau y maen nhw'n rhoi ystyr i fywydau y rhai sydd ddim. Bywyd cyffredin yw'r bywyd anoddaf i'w ddilyn, ond hefyd y bywyd gorau. Mae'r enwogion a garwn fwyaf yn ceisio dweud hyn wrthym ni, yn y modd maen nhw'n cadw'n ddynol. Fel petai enaid byw brau a ffaeledig y tu ôl i'r holl ysblander - ac wrth gwrs mae hynny yn hollol wir bob tro."

❖ ❖ ❖ ❖ ❖

3

Mor bwysig yw cymryd amser i sylwi a gwerthfawrogi nid yn unig ni ein hunain ond yr amgylchfyd o'n hamgylch. Ar ddyddiad geni W. H Davies y bardd dramp cofiwn ei eiriau :

"What is this life if full of care
We have no time to stand and stare ?"

❖ ❖ ❖ ❖ ❖

4

Dydd Annibynniaeth yn America, a gŵyl i ddathlu arwyddo'r Datganiad Annibynniaeth a luniwyd gan Thomas Jefferson ym 1776. O'r 56 a arwyddodd y datganiad honnir bod 18 o dras Cymreig. Yn sicr roedd 5 ohonynt, ac fe anwyd Francis Lewis a oedd yn cynrychioli Efrog Newydd yng Nghasnewydd, Gwent.

❖ ❖ ❖ ❖ ❖

5

Dechreuwyd y Gwasanaeth Iechyd Gwladol ar y dyddiad hwn ym 1948, a gofalwn ein bod yn ei ddiogelu fel hawl sylfaenol gwar i bawb.
W. Leslie Richards a folodd Y Meddyg. Dyma ran o'i gywydd :

"Unwn i foli heno
Ŵr braf sydd yn arwr bro;
Y gŵr ffraeth â'r geiriau ffri,
Gwron sy'n tra rhagori,
A swyn ei lais a'i wên lon
Oeddynt yn well na moddion."

❖ ❖ ❖ ❖ ❖

6

Rwyn cael cysur mawr o eiriau Steve Eaves sy'n dangos i ni mewn termau modern iawn bod cydbwysedd bregus hyfryd i'n bywydau:

Detholiad o 'Heno' Steve Eaves.

Heno
ymhell oddi yma
yn nrama'r ddaear benchwiban
mae cariadon
yn gwenu'n swil ar ei gilydd
yn siarad yn dawel dan bontydd
yn troedio traethau
neu hen balmantau

ac yn gweu eu cyfrinach
mewn ieithoedd estronol,
yn caru a difaru,
yn Llundain
ym Mharis
yn Norwy
yn Rio.

Ac rwyn ddiolchgar iti heno,
hen fyd bach gwirion, gwyllt,
am dy wledydd pell a'th froydd agos
a'th longau ar y Môr Tawel
a'r milltiroedd ar filltiroedd
o oleuadau ffordd
a'r genod yn eu dillad haf,
am dy win coch a'th ganu gwerin
a'th feddwon yn y ffeiriau,
a thwpdra blagur gwynion Mai
a dyddiau hir y dawnsio.

❖ ❖ ❖ ❖ ❖

7

Dyma gyfnod Eisteddfod Gydwladol Llangollen bob blwyddyn pan lenwir tref Llangollen ag awyrgylch carnifal a gŵyl. Fe'i cychwynwyd ar ôl y rhyfel i greu cymod rhwng yr Almaen a Chymru, ac mae'n dal yn llwyddiant ysgubol, yn wyrth flynyddol.

"Byd gwyn fydd byd a gano, gwaraidd fydd ei gerddi fo." Ffurfiodd amryw o gorau yn ei sgîl. Gwelodd yr Eisteddfod lawer o adegau cofiadwy gyda ymweliad Côr Obernkirchen y "pigtailed angels" chwedl Dylan Thomas. Pan oeddwn i yn ohebydd radio rwyn cofio i mi gael dipyn o sgŵp hefyd yn cael sgwrs hir â mab arweinydd y côr cyntaf hwnnw o'r Almaen a groesawyd i'r llwyfan ym 1947, yntau bellach wedi dod â chôr newydd drosodd gydag o ym 1986. Lueder Klohs oedd y gŵr arbennig hwnnw, ac roedd yntau yn aelod o'r côr cyntaf hwnnw yn 16 oed. Cofiai eiriau y cyflwynydd llwyfan Hywel Roberts "Rhowch groeso i'n cyfeillion o'r Almaen " a roddodd gychwyn ar bopeth. Lle felly yw Eisteddfod Llangollen.

Ym 1996 cyhoeddwyd llyfr o hanes yr Eisteddfod "50 Wythnos Bendigedig" 1947 - 1996. Cofiaf feddwl yn hir fod rhywun wedi

gwneud camgymeriad ! 50 o flynyddoedd bendigedig ddylai'r teitl fod. Ond wedi meddwl roedd yn deitl clyfar a bachog - gan mai dim ond am wythnos y mae ffocws y byd yn flynyddol ar Langollen ar waethaf yr holl baratoi yn y cefndir. Ia, wedi'r cyfan 50 o wythnosau bendigedig, hyfryd a chofiadwy.
Chwedl Mathonwy Hughes :

"Gŵyl o gân ac ailgynnau - di-gerydd
Frawdgarwch rhwng llwythau,
Gŵyl miloedd rhwng cymoedd cau,
A llawen ŵyl y lliwiau."

Ac angoaeth R Bryn Williams ar ddiwedd cerdd am Bont Llangollen yw :
"Ymlaen â'r ffair,
dawnsiwch a chenwch,
cans erys o'r cymun byr
berlau ar linyn y cof,
ei eco'n llenwi ogofâu'r diffeithwch,
a'i oleuni'n sêr i'ch gorwel olaf,
ac ni ddaw gwyfyn i lygru rhwymyn eich tangnefedd."

❖ ❖ ❖ ❖ ❖

8

Ynghanol prysurdeb haf ein bywyd, yn aml byddwn yn prysuro i gyrraedd rhyw nôd heb edrych ar yr olygfa ar y ffordd. Mae Gwyn Thomas yn ei gerdd "Y Tro Olaf" yn cofio yn ei brysurdeb ei fod yn gweld ei gefnder Stanley Hughes wrth ei waith efo'r Llyfrgell teithiol, ac yn meddwl "Mi gwela i eto" gan fod amgylchiadau yn anodd i stopio. Dyna'r tro olaf iddo ei weld yn fyw. Yn rhy aml rydym yn byw ein bywydau fel petai yna wastad yfory yn lle manteisio ar y rhai sydd gennym. Fel y dywed y bardd yn drawiadol :

"Bellach nid oes modd i mi fynd heibio
Y fan ym Mhont y Pant heb gofio
Stanley yn fan'no, wrth lidiart tragwyddoldeb,
Ac mai honno oedd ennyd olaf
Ein cydfod yn y cnawd
Mewn byd o amser."

9

Dydd Sant Thomas More yw heddiw ar galendr y Saint, ac fe gofiwn am safiad diwyrdro y gŵr hwn dros ei gred yn wyneb pwysau gwleidyddol i newid ei farn. Fe'i disgrifiwyd fel "Gŵr Pob Tymor" yn nrama enwog Robert Bolt. Dyma ei weddi drawiadol sydd mor addas i ni yn y byd cyfoes - yn yr arena rhyngwladol ac yn ein bywydau bach ni o ddydd i ddydd :

"O! Arglwydd, cofia nid yn unig y gwŷr a'r gwragedd o ewyllus da, ond hefyd y rheiny sy'n dymuno drwg i ni. Paid â pheri'n unig i ni gofio yr holl ddioddef yr arteithiwyd ni ag o, ond hefyd i gofio y modd y bu i ni elwa drwy'r dioddef. Canfod ein cyfeillgarwch, ein teyrngarwch, ein gwyleidd-dra; a chofio yr hyder, yr haelioni a'r galon fawr a dyfodd o hyn oll. A phan ddaw'r bobl hyn o flaen eu gwell, boed i'r holl elw a gawsom ni fod yn faddeuant iddynt. Amen."

❖ ❖ ❖ ❖ ❖

10

Ym 1971 fe agorwyd Llwybr Clawdd Offa, a gweddus yw cofio am yr ardaloedd rheiny sydd o fewn tafliad carreg i'r ffin sydd wedi cadw eu Cymreictod, ac sy'n ei ail-ddarganfod. Cofiwn am gyfraniad unigolion, ac rwyn arbennig o hoff o englyn Myrddin ap Dafydd i gofio Dwysan Rowlands, merch Llwyd o'r Bryn. Mae ynddi goffâd cynnes - ond her i ninnau hefyd.

"A'i dwy law, ddoe, daliodd hi - i gario'r
Pethe gorau ganddi,
Ond â Ionawr amdani,
Y lle'n awr sy'n ein llaw ni."

❖ ❖ ❖ ❖ ❖

11

Ym 1887 cloddiwyd glo ym mhwll Gwynfynydd ger y Bermo. Ond beth yw gwir aur bywyd ? "Gwyn fyd y gŵr a wna gyfeillion" medd W. Rhys Nicholas. Cofir am un arlunydd yn annwyl iawn yn y Bluecoat Centre, Lerpwl ar un o gadeiriau'r cyhoedd y tu allan :

"Gweithiodd yn yr adeilad hwn, gan wneud amryw o ffrindiau." Dyna ffordd braf o gael eich cofio fel un yn gwneud cyfeillion. Y gwir aur.

❖ ❖ ❖ ❖ ❖

12

Dyma gyfnod Gŵyl Orangemen y Protestaniaid yng Ngogledd Iwerddon. Gweddiwn dros uno rhaniadau yng Ngogledd Iwerddon, a bod doethineb a chymod yn eiriau byw yno sy'n troi'n weithredoedd. Dyma eiriau John Roberts :

"Bydd yn ffrind i blant di-ffrindia
Yn eu helynt, Grist anwyla' ;
Rhai â gwaed yn sŵn ergydion
Ar hyd erwau'n daear dirion.

Mwy o sôn am hedd yw'n gweddi,
mwy o hyd am iaith cymodi,
mwy am rannu, mwy am rinwedd ;
Mwy o galon am ymgeledd."

❖ ❖ ❖ ❖ ❖

13

Ym 1734 bu farw Elis Wynne o'r Las Ynys - awdur enwog y clasur dychanol "Gweledigaethau'r Bardd Cwsg". Mae'r Las Ynys ar y ffordd gefn rhwng Harlech a Thalsarnau a dydy'r safle heb newid dim ers cyfnod Elis Wynne - mae'r olygfa tuag at Gastell Harlech dros y caeau yn dal yr un fath. Mae'r tŷ wedi ei atgyweirio ar ôl ymdrech pobl yn lleol i greu cofeb barhaol i'r Bardd Cwsg oedd yn edrych drwy'i sbienddrych ar ddrygau ei oes!

❖ ❖ ❖ ❖ ❖

14

Dydd o ddathlu a thân gwyllt yn Ffrainc - Dydd Bastille i gofnodi y dydd y daeth y carcharorion yn rhydd. Ym Mharis mae bellach yn groesffordd fawr ond fe welir Cofgolofn Gorffennaf yno.

Cafwyd chwyldro o fath arall ym 1966 ar y dyddiad hwn pan enillodd Gwynfor Evans sedd Caerfyrddin yn yr etholiad, aelod seneddol cyntaf Plaid Cymru.

❖ ❖ ❖ ❖ ❖

15

Ar y dyddiad hwn ym 1979 roeddwn i dal yn yr ysgol ac wedi cymryd rhan mewn opera roc yn Eisteddfod Genedlaethol Caernarfon 1979 - "Y Mab Afradlon". Roedden ni gyd yn meddwl bod ni'n dipyn o "celebs" ac mi gymrodd dipyn i ni ddod yn ôl i lawr i'r ddaear. Mi wnaeth y Parch Pryderi Llwyd Jones fyfyrdod i ni'r bobl ifanc yng Nghapel y Groes i'n helpu a'n cyfeirio. Dyma ran ohoni :

"Jesus Christ Superstar,
Godspell,
Jiwdas Iscariot,
Y Mab Afradlon -
Gwefr y gân,
y lliwiau llachar,
y ddawns gynhyrfus,
y newydd wedd :
Ar Iesu o Nasareth mae'r bai!

Ef sy'n mynnu bod yn bresennol i bob cenhedlaeth,
Ef sy'n anfodlon ei gaethiwo gan bulpud pren,
Ef yr Aflonyddwr,
Ef yr Hudwr,
Ef y Concwerwr.
Ef.......
Y Superstar nad oes llwyfan i'w ddal,
Y Clown nad oes drama i'w gynnal,
Yr Awdur nad oes gyfrwng i'w gostrelu .....
A boed i Superstar a
Godspell a'r
Iscariot a'r
Afradlon
Fynd â ni yn nes at galon
Ei Gariad a'i Gyfrinach."

16

Mae'r traddodiad Buddhaidd yn credu ar yr Ŵyl a elwir Obon fod perthnasau marw yn dod yn ôl i weld eu teuluoedd. Mae lampau yn cael eu goleuo yr adeg hon o'r flwyddyn i ddangos y ffordd adref iddynt.

❖ ❖ ❖ ❖ ❖

17

Cofiwn am ddewrder y weinyddes feithrin Lisa Potts a ddiogelodd blant bychain yn ei hysgol ar ôl i wallgofddyn ddod i mewn i'r dosbarth â chyllell. "Fedra i ddim ystyried fy hun fel arwres, er bod pobl yn dweud wrtha i mod i " meddai Lisa oedd yn un ar hugain pan ddigwyddodd hyn. Roedd y plant wrthi yn cael parti tedi bêr ym meithrinfa St Luke's, Blakenhall, Wolverhampton. Wrth gysgodi y plant fe anafwyd Lisa ar ei phen, cefn a breichiau, ac mae'r anaf ar ei braich dde yn dal i olygu na all gael defnydd llawn ohoni. Mae Lisa wedi derbyn Tlws George am ei dewrder, ond fe'i cysegrodd i blant cyflafan Dunblane a phlant meithrinfa St Luke's.

❖ ❖ ❖ ❖ ❖

18

Cofiaf glywed mewn rhyfeddod erstalwm pan oedd Mam yn dysgu darn ar gyfer Côr Eisteddfod Wrecsam 1977 - fod Beethoven wedi cyfansoddi campweithiau ac yntau'n fyddar. Fe'm atgoffwyd o hyn eto pan ddarllenais englyn Einion Evans i Beethoven :

"Trwy'r byddardod clywodd nodau - ei gân,
daeth gwyrth o'r storm ddagrau.
A rywfodd medrodd ymwau
o'i wewyr simffoniau."

19

Pleser annisgwyl oedd cael gweld "Y Salem Arall" ym mhentref bach Wick, ger Pershore ar gyrion ardal y Cotswolds a Dyffryn

Evesham yn Swydd Caerwrangon. Cyfeirio yr ydw i at y llun arall o Salem enwog Curnow Vosper y bu yna gymaint o sôn amdano rai blynyddoedd yn ôl ar raglen "Hel Straeon". Y pryd hynny aethpwyd â'r llun i Gaernarfon heb holi y perchennog, ond gresyn gan fod lleoliad y llun mewn ardal hynod o ddarluniadol. Roedd hi'n dymuno cadw'n dawel am y cyfan.

Gwraig fy nghefnder a wyddai amdano a threfnodd i mi fynd draw i'w weld o. Roedd yn crogi ar y mur- ac fe darodd fy llygaid i yn syth ar y pethau oedd yn wahanol -doedd dim cloc ynddo, na rheilen a bachau arno i'r chwith o'r ffenestr, a doedd Robat Wilias ddim yn plygu mewn gweddi ar dde y llun. Ar wahân i hynny roedd pawb run fath.

Esboniodd gwraig y tŷ fel yr aeth ei merch i Goleg Celf a dod i nabod merch o Gymru. Dewisodd y Gymraes wneud astudiaeth o Salem Curnov Vosper ar gyfer rhyw waith coleg , a dyma ei ffrind o Wick yn ymateb. "O we've got that one at home."

Wedi sylwi yn fanwl ar y lluniau y daeth gwahaniaethau amlwg i'r golwg. Ond mae un peth yn sicr - llun gwreiddiol yw yr un yn Wick, ond fod y lliwiau ychydig yn feddalach - dydy hi ddim mor hawdd i weld y diafol yn siôl, ond wedyn mae hi'n gwestiwn a fwriadwyd hwnnw yno o gwbl gan yr arlunydd o Gernyw a briododd Gymraes.

Roedd Vosper yn sicr yn hoff o'i gysylltiadau Celtaidd,achos yn crogi ar wal ystafell arall yn Wick ,wedi ei lanhau yr oedd ei lun o nyddwr Llydewig *"Breton Weaver"* yn dal llawer o naws Llydaw. Ceisiais dynnu llun y wraig Mrs Meikle oedd yn disgynnydd o deulu Cyfarthfa Merthyr, efo un o hen luniau du a gwyn ei theulu - ac arno hefyd oedd yr arlunydd Vosper ei hun. Soniodd bod bwriadau rŵan i agor ystafell yng Nghyfarthfa, Merthyr i Vosper gan fod yna nifer o luniau dan ofal y teulu.

Roeddwn wedi bod yn dipyn o Tomos ynglŷn â mater y Salem arall, a'r holl or-wneud fu ar y cyfan ym 1988, ond cefais ei weld efo fy llygaid fy hun. A'r hyn a'm synnodd i oedd fod y llun wedi bod yno drwy holl flynyddoedd fy ymweliadau â phentref Wick, ger Pershore. Tafliad carreg o dŷ fy nghefnder, yn tystio i gysylltiad arall â Chymru.

20

Un o'r lleoliadau Haf mwyaf trawiadol a rhamantus pe cawn fynd yno un prynhawn yw'r lle rwyn cyfeirio ato yn y gerdd fechan hon:

LE MONT ST MICHEL. (Llydaw)

Un atalnod uwch na'r lleill yn y bae.

Byd
tu mewn i gaerau cyfyng,
terasau llyfn.
Atalnod llawn
'rôl troi o lonydd y byd.

Bydd llawer llanw mawr
a chroeslif
cyn ebychnod y dychwelyd
i godi'n uwch!

(o Mendio Gondola)

❖ ❖ ❖ ❖ ❖

21

Ym 1969 dyma'r dydd y cerddodd Neil Armstrong o Apollo 11 ar y lleuad. "Dyma un cam bychan i ddyn, ond un llam anferth ymlaen i ddynolryw."

❖ ❖ ❖ ❖ ❖

22

Mae Sioe Amaethyddol Llanelwedd yn cael ei chynnal ar y cyfnod hwn bob amser a chyfle i ymgolli :

"Gofynnais i'r titw bach
Ble gest ti gôt mor las ?
A dyma'r ateb ges i -
O Mam wnaeth gôt i mi o ddarn o'r awyr fry
Pan oedd hi'n ganol haf."

(Dafydd Iwan)

❖ ❖ ❖ ❖ ❖

23

Cri o'r Trydydd Byd gan Einion Evans.

"Cyfog yw'r holl arfogi - a ninnau
weiniaid eto'n profi
ing ein hoes : ein hangen ni
yw blawd ac nid bwledi."

❖ ❖ ❖ ❖ ❖

24

Dyma eiriau doeth gan yr emynydd Elfed ar gyfnod gwyliau i lawer: "Un o gyfrinachau bywyd yw gorffwys heb fod yn ddiog." ac ymhellach "Yr wyf wedi cael allan trwy brofiad nad yw y meddwl yn hoffi bod yn segur."

❖ ❖ ❖ ❖ ❖

25

Cofiaf ymweld â llosgfynydd Sant Helen yn yr UDA, ac fe gollwyd bywydau yma ym 1980 pan ffrwydrodd, er i'r trigolion gael eu rhybuddio mewn da bryd i adael eu cartrefi. Daeth y lava i lawr y llethrau a'r afonydd ar amrantiad gan drawsnewid paradwys y picnic a'r hamddena yn uffern ar y ddaear - coed praff yn llwch a hen hafan yn golsyn.

Ond mae pŵer i fendio gan Natur. Bellach mae arwyddion o wyrddni swil yn ymddangos, rhai anifeiliaid yn crwydro i'r gymdogaeth drachefn, pysgod yn ymlafnio i fyny'r afonydd eto. Rhaid clodfori'r penderfyniad i wneud y safle yn warchodfa natur i'r genedl efo'r diben o sylwi ar bŵer ad-feddianol ac adfywiol natur yn ystod y cenedlaethau sydd i ddod.

❖ ❖ ❖ ❖ ❖

26

Ym 1881 bu farw George Borrow yn Lowestoft, Norfolk, ond fe ddaeth i alltudiaeth Cymru yn ystod ei oes ac ysgrifennu "Gwyllt

Walia". O dras Cymreig y deuai Wilfred Owen y bardd saesneg nodedig o Groesoswallt. Darluniodd i ni ddynoldeb erchyll y gwir am ryfel. Un o'i gerddi mwyaf trawiadol yw'r un am y milwr sydd bellach yn anabl a golwg y merched bellach yn mynd heibio iddo ar y ward :

"About this time town used to swing so gay
When glow-lamps budded in the light blue trees,
And girls glanced lovelier as the air grew dim, -
In the old times, before he threw away his knees.
Now he will never feel again how slim
Girls' waists are, or how warm their subtle hands ;
All of them touch him like some queer disease......

..Tonight he noticed how the women's eyes
Passed from him to the strong men that were whole."

❖ ❖ ❖ ❖ ❖

27

Ym 1967 pasiwyd Deddf gyntaf yr Iaith Gymraeg yn caniatau y defnydd o Gymraeg mewn achosion llys, a fersiynau Cymraeg o ffurflenni swyddogol. Mae gan Nigel Jenkins y bardd o Abertawe gerdd arbennig am yr Iaith. Mae yng nghwmni modryb a ddaeth o'i chefndir tlawd amaethyddol Cymreig i fyd busnes Abertawe efo'i theulu. Roedd y symud wedi golygu anghofio'r Gymraeg a holl arwyddocâd y cynefin gwledig gynt. Ond mae'r cof yn ddyfnach na'r holl smalio ar yr wyneb :

"It's autumn now, an evening
that ends in colour t.v
and the washing of dishes.
I ask her, as I dry,
Beth yw *'spoon'* yng Nghymraeg?
Llwy *she says,* llwy dwi'n credu,
and she bites into an apple
that tastes like home."

❖ ❖ ❖ ❖ ❖

28

Un o arferion yr Haf yw gwylio ieuenctid yn neidio o hen bont Llangollen. Ieuenctid y pentrefi diwydiannol i'r dwyrain yn fwy na rhai lleol dybiwn i ! Mae nhw'n agored yma yn neidio heb weld bod perygl o'r creigiau ar yr ochr. Mae'r bont mor hynafol, ac er bod plant yn eu gêr newydd gyda'r enwau cwmniau swel, hen antur yw eu mentro nhw hefyd yn gwneud rhywbeth mor ddiniwed â neidio i bwll o ddwr ar ddydd o Haf. A'r ofn cyn y neidio yn hen ansicrwydd annwyl ieuenctid pob oes. Cyd-ddigwyddiad yw fod yr arloeswyr i gyrraedd Gwladfa Gymreig wedi cyrraedd Porth Madryn Patagonia ar y dyddiad hwn ym 1865 hefyd. Fe addawyd breuddwyd iddyn nhw, ond wedi'r 'neidio' roedd y realiti yn dra gwahanol, a gorfu iddynt fyw mewn ogofau ym Mhorth Madryn.

❖ ❖ ❖ ❖ ❖

29

GWEDDI GWYLIAU HAF.

Arglwydd pob gwyliau ac edrych mlaen, Arglwydd pob llawennydd ac ymlacio, pob traeth a phob picnic, bydd gyda ni dros wythnosau'r Haf. Gad i ni weld olion a sibrydion ohonot ti ymhobman, o Dduw, ac addasu ar gyfnod o wyliau i fwynhau bob dydd yn llawn.

Dysga ni i wneud ein crefydd yn un o edrych ymlaen at ddyddiau gwell i ddod - dyddiau pan y cawn weld wyneb yn wyneb â Duw sydd yn Ddaioni ac yn Gariad ac yn bopeth da a phositif. Dysg i ni agor ein calonnau fwy a mwy i'r Duw sy'n Gariad, yn faddeuant ac yn gadernid yn ein bywydau, ac sy'n rhoi i ni y "plus" yn ein bywydau.

Rho i ni wyliau hapus o edrych mlaen.

Amen.

❖ ❖ ❖ ❖ ❖

30

Ganwyd Emily Bronte ym 1818 yn Haworth,ac mae awyrgylch arbennig i'w nofel *"Wuthering Heights"* ac i leoliad y pentref yn Swydd Efrog. Ceisiwch osgoi Gŵyl y Banc os ydych am geisio awyrgylch diarffordd ynghanol y rhosdir ! Rwyn siwr y buasai'r awyrgylch yn llawer gwell yn y Gaeaf efo'r eira, y bobl wedi cilio o'r fynwent, a'r elfennau yn rheoli eto. Gwawr oren o oleuadau'r tai a dim dieithriaid yn mentro ar bererindod Fronteaidd. Ceir diweddglo trawiadol i *"Wuthering Heights"* gyda'r adroddwr yn y fynwent :

"I lingered round them, under that benign sky : watched the moths fluttering among the heath and hare-bells ; listened to the soft wind breathing through the grass ; and wondered how any one could ever imagine unquiet slumbers for the sleepers in that quiet earth."

❖ ❖ ❖ ❖ ❖

31

"Rŵan Elis o'r Ysgwrn wyt ti heno yn dallt
Pam fu'n rhaid codi arfa' i frwydr mor hallt ?
Roedd dy fêts di'n credu wrth gychwyn o'u bro
Mai rhyfel i roi terfyn ar ryfel oedd o
Wel bu'r diodda a'r dagra y gwaedu i gyd
Y garw a'r marw i ddiawl o ddim byd
achos fuo na'm callio ond yr un peth drachefn
a drachefn a drachefn a drachefn a drachefn."

(Eifion Lloyd Jones)

Ar y dydd hwn ym 1917 fe laddwyd Ellis Humphrey Evans neu Hedd Wyn yn ffosydd y Rhyfel Byd Cyntaf. Brwydr Cefn Pilkem, yn Fflandrys. Roedd wedi ei ladd ychydig cyn ennill y Gadair yn Eisteddfod Genedlaethol Penbedw. Dyma fy hoff gerdd ganddo - Telyneg sydd â'i neges yr un mor berthnasol heddiw :

Y BLOTYN DU

Nid oes gennym hawl ar y sêr
Na'r lleuad hiraethus chwaith,
Na'r cwmwl o aur a ymylch
Yng nghanol y glesni maith.

Nid oes gennym hawl ar ddim byd

Ond yr hen ddaear wyw ;
A honno sy'n anrhefn i gyd
Yng nghanol gogoniant Duw."

❖ ❖ ❖ ❖ ❖ ❖ ❖ ❖ ❖ ❖

1

Wythnos Eisteddfod Genedlaethol Cymru, a chyfle i geisio cyfnod o hoe yn yr haul. Hyfryd y tu hwnt i eiriau yw diweddglo "Cwm Tawelwch" Gwilym R Jones :

"Roedd mwy o flas ar fyw,
A deufwy gwyrddach oedd y dail
pan oedd y ddaear yn ieuengach.

Cyn gado'r sioe fyrhoedlog hen,
Sy'n troi a throi
Fel trên y crwt ar siwrnai gron,
cyn mynd i dafarn wag marwolaeth,
mi hoffwn fyw.

a dyna pam y chwiliaf am y Cwm
tu draw i'r cymoedd,
Am Gwm Tawelwch."

❖ ❖ ❖ ❖ ❖

2

Roedd fy rhieni yn cofio'r dyddiad arbennig hwn ym 1961, nid am ei fod ddyddiau cyn fy ngeni i, ond hefyd oherwydd i un o'u cydnabod gael anaf anodd a chreulon. Dyma'r dyddiad y dallwyd Arthur Rowlands gan ŵr a daniodd ato ger rhes dai Pont ar Ddyfi. Yn ddiweddarach cafwyd hanes ei fywyd a'r modd yr ail-adeiladodd ei fywyd mewn llyfr â theitl dadlennol iawn "Mae'r Dall Yn Gweld". Cofiaf ei weld yn Ysgol y Gelli Caernarfon yn sgwrsio efo plant ac yn Ysgol Sul Capel y Groes Wrecsam, a'r hen blant ddim wedi sylweddoli ei fod yn ddall yn rhoi eu llaw i fyny i holi cwestiynau. Dyna'n union fyddai Arthur Rowlands yn ei ddymuno, naturioldeb agored.

❖ ❖ ❖ ❖ ❖

3

Mae hi'n gyfnod pan mae gwyliau yn eu hanterth - Gŵyl Gelfyddydol fawr Caeredin, er enghraifft. Ond gŵyl sydd ymlaen bob deng mlynedd sy'n cael fy sylw heddiw am i mi ymweld ym 1990. Bob deng mlynedd ceir tua 100 perfformiad gan bentref Oberammergau o'u Drama Fawr.

Mae'r cyfan yn deillio o gyfnod y Rhyfel Deng Mlynedd ar Hugain, pan ddaeth y Pla Du i Ddyffryn Ammer. Ceisiodd pentrefwyr Oberammergau yn 1632 warchod eu hunain rhag y Pla. Rhoddwyd gwŷr i warchod o amgylch y pentref i sicrhau na ddeuai unrhyw un â'r pla yno. Ond ysywaeth nid felly y bu. Ar ddydd ffair y pentref, daeth llafurwr o'r enw Kaspar Schisler i mewn heb yn wybod i neb gan ddod â'r pla gydag o. Dydy hi ddim yn wybyddus faint yn union fu farw. Ond yn wyneb yr argyfwng hwn fe ofynnodd pobl y pentref am gymorth Duw, gan addunedu yn 1633 i lwyfanu Drama Dioddefaint ac Atgyfodiad yr Iesu pe caent hwy eu harbed. O hynny ymlaen ni fu farw unrhyw un arall o'r Pla, ac fe lwyfanwyd y Ddrama am y tro cyntaf.

Mae tua mil o bentrefwyr ynghlwm â'r ddrama bob degawd - y pentre cyfan - wedi pum mlynedd o baratoi o flaen llaw. Dotiais innau at blant y pentre yn dechrau'r dydd gyda golygfa Iesu yn dod i mewn i Jeriwsalem ar Sul y Blodau, ac yna'n dychwelyd ar ôl dydd yn yr ysgol i fod yn blant yr Atgyfodiad.

❖ ❖ ❖ ❖ ❖

4

Dyma'r dyddiad ym 1944 yr arestiwyd Anne Frank a'i theulu gan y Natsiaid. Fe'i ganed ym 1929 a threuliodd ei harddegau cynnar o 1942 - 44 yn cuddio rhag y Natsiaid yn rhan uchaf adeilad swyddfa yn Amsterdam - yn yr Annexe. Gadawodd gofnod o'i meddyliau a'i theimladau yn y dyddiadur. Roedd ymhlith y miloedd a fu farw yng ngwersyll crynhoi Belsen. Mae'r dyddiadur yn ysbrydoledig fel tystiolaeth o'r ysbryd dynol yn goresgyn y sefyllfaoedd erchyllaf. Bellach ceir Ysgol gynradd yn dwyn ei henw, ac eco plant yn chwarae ar yr iard. Cofiwn iddi dystio ar waethaf y cyfan a ddigwyddodd iddi, fod dynoliaeth yn sylfaenol dda a hardd yn y bôn. Gwelodd ymhellach yn ei blynyddoedd ifanc na llawer mewn oes, ac er iddi dreulio ei harddegau mewn caethiwed, gallai weld y tu hwnt i'r caethiwed hwnnw :

"Edrychais allan dros y ffenest agored, dros y toeau, ac ymlaen at y gorwel a oedd o las golau arbennig fel yr oedd hi'n anodd gweld y llinell wahanu.

"Cyn belled â bod hyn yn bod" meddyliais " a mod i'n cael byw i'w weld o , yr heulwen ma, yr awyr ddigwmwl, tra bo hyn yn para fedra i ddim bod yn drist."

Y gwellhad gorau i'r rhai hynny sy'n ofnus, unig neu anhapus yw i fynd allan, rhywle lle fedrant fod yn dawel, ar eu pennau eu hunain gyda'r planedau, natur a Duw. Achos dim ond wedyn mae rhywun yn teimlo fod popeth fel y dylai fod, a bod Duw yn awyddus i weld pobl yn hapus ynghanol harddwch syml natur. Cyn belled â bod hyn yn bod, ac yn sicr bydd yn para am byth, gwn y bydd tawelu ar bob tristwch, beth bynnag fo'r amgylchiadau. Credaf yn gryf fod natur yn dod â chysur i bob trybini.

Pwy a ŵyr, efallai cyn hir y medra i rannu y teimlad anhygoel yma o hapusrwydd gyda rhywun sy'n teimlo'r un ffordd â mi amdano ?

Yr eiddoch, Anne.

❖ ❖ ❖ ❖ ❖

5

Cofiwn am eiriau Toyohiko Kagawa wedi eu haddasu gan T Glyn Thomas.

"Nid oes gennyf ond un efengyl, sef yw honno,
yr ailenir popeth drwy gariad,
Cariad yn unig sy'n hollalluog,
Cariad yn unig sy'n dragwyddol.Cariad a greodd y byd.
Cariad sy'n ei gynnal.
cariad yw hanfod Duw........
Y mae Cariad yn egluro popeth.
Cariad yw fy nghysegr sancteiddiolaf i.
Trwy gariad yr wyf yn esgyn i'r uchelderau,
ac yn disgyn i'r dyfnderoedd.
Y mae Cariad yn treiddio trwy bopeth....
A llygad rhyfeddol cariad
mae Duw a dyn yn canfod ei gilydd.
Mewn cariad fe dry llygad dyn yn llygad Duw.
mewn cariad y daw duwdod a dyndod yn un."

6

Diwrnod Hiroshima. Bob blwyddyn yn yr Eisteddfod Genedlaethol fe geir y weithred hardd o gylchu'r Pafiliwn a dal dwylo i ddweud yn groyw wrth gofio'r ffrwydrad atomig "Byth Eto". Diwrnod du yn hanes y byd ym 1945 - ac yn ddiweddarach roedd holltwr yr atom yn difaru iddo ddarganfod y fath allu.Yna tridiau yn ddiweddarch cafwyd ymosodiad tebyg ar Nagasaki. Cafwyd cerdd tair llinell gan Gwynne Williams
"Ar Fedd Plentyn yn Hiroshima" ac mae'n dweud y cyfan:

"Gwae fi o'm geni yn glai a gwellt
Onid yw Awst y Chweched mwy
yn dyst i chi a'ch had am hyn."

Daw hefyd i'r meddwl bennill o gân Bob Dylan *"With God on Our Side"*

"But now we got weapons
of the chemical dust
If fire them we're forced to
Then fire them we must
one push of the button
And a shot the world wide
And you never ask questions
When God's on your side."

❖ ❖ ❖ ❖ ❖

7

Yn nrama Willy Russell *Educating Rita,* cofiwn cyn i'r Haf ddod i ben fod Rita yn sylweddoli bod mwy i fywyd, bod gwell caneuon i'w canu. Dyma ran o'i sgwrs efo Frank:

<u>RITA AR ÔL DIPYN O'R CWRS AC MAE EI GŴR (DENNY) YN LLOSGI EI LLYFRAU.</u>

"**Rita** : Mi es i i mewn i'r dafarn ac mi roedden nhw i gyd yn canu, canu rhyw gân roedden nhw wedi ei dysgu o'r jiwc bocs. Ac mi sefais i yn y dafarn a gofyn be' gythraul dwi'n drio ei wneud ? Pam na wna i orffen efo'r cyfan, aros efo nhw ac ymuno yn y canu ?

Frank :A pham na wnei di ?

Rita : Ti'n meddwl y medra i yn dwyt ? Achos dy fod ti'n mynd heibio drws tafarn a chlywed canu, ti'n meddwl ein bod ni i gyd yn iawn, ein bod ni gyd yn dal ati, efo'r ysbryd yn gyflawn. Wel, mi wnes i ymuno yn y canu, ofynnais i ddim cwestiynau, mi wnes i ildio. Ond pan edrychais i o gwmpas roedd mam wedi stopio canu, ac roedd hi'n crio. Mi ddeudodd pawb mai wedi meddwi yr oedd hi, ac y dylen ni fynd â hi adre. Felly mi wnes i, ac ar y ffordd mi ofynnais i pam. "Pam ti'n crio Mam ?" A dyma ei hateb hi "Achos...achos y gallen ni ganu gwell caneuon na rheina." Deg munud yn hwyrach roedd Denny wedi ei thrin hi ac roedd hi'n chwerthin a chanu eto, yn smalio nad oedd hi wedi'i ddeud o. Ond roedd hi wedi'i ddeud o. A dyna pam dwi yn fy ôl. A dyna pam dwi'n aros."

❖ ❖ ❖ ❖ ❖

8

Ym 1948 dechreuodd Y Fam Theresa ei gwaith efo tlodion Calcutta. Heddiw cofiwn am ei chyd-weithwyr gydag addasiad o Weddi Ddyddiol Chwiorydd Elusengar Y Fam Theresa yng Nghalcutta.

Iesu fy nghlaf.

Anwylaf Arglwydd
boed i mi dy weld di heddiw
a phob dydd
ym mherson dy gleifion,
a thra'n eu nyrsio
weinidogaethu i Ti hefyd.

Er dy fod yn cuddio dy hun
y tu ôl i olwg hyll,
neu bobl bigog
ac afresymol,
gad i mi ddal i dy adnabod a dweud :
'Iesu, fy nghlaf, mor felys yw cael dy wasnaethu.'

Arglwydd
rho i ni y ffydd sy'n gweld,
yna ni fydd fy ngwaith byth yn undonnog.
Byddaf yn dod o hyd i lawennydd newydd
wrth wella clwy
a chyflawni dymuniadau
yr holl ddioddefwyr truan.

O glaf annwyl,
Cymaint anwylach wyt i mi
pan wyt yn personoli'r Crist ;
a dyna fraint sydd gen i
o gael y cyfle i dendio arnat.

Anwylaf Arglwydd,
Gwna fi'n werthfawrogol o urddas fy uchel swydd
a'i gyfrifoldebau oll.
Paid byth â gadael i mi fod yn anneffeithiol
drwy droi'n oeraidd,
neu'n angharedig
neu'n ddiamynedd.

Ac O fy Nuw,
Tra'r wyt Ti yn Grist fy nghlaf,
boed i ti fod hefyd yn Iesu amyneddgar i mi,
yn goddef fy ngwendidau
yn edrych yn unig ar fy mwriad
i dy garu a dy wasanaethu di
ym mherson pob un o'r cleifion.

Arglwydd,
Dyfnha fy ffydd,
bendithia fy ymdrechion a'm gwaith,
rŵan a byth bythoedd.

Amen.

9

Mae tref glan y môr y Bermo yn gyrchfan i lawer yn ystod mis Awst, ond tybed faint sy'n ymwybodol o gyfrinach Dinas Oleu - y llecyn uwchlaw yr hen dref sy'n cynnig golygfeydd gwirioneddol wych o'r Bae. Uwchlaw bwthyn Mrs Talbot Tŷ'n y ffynnon roedd y tir, ac oherwydd fod hithau yn ffrind personol i sylfaenydd yr Ymddiriedolaeth Genedlaethol y Canon Hardwick Rawnsley, rhoddwyd y tir i'r Ymddiriedolaeth ym 1896. Y darn hwn o dir yn y Bermo oedd eiddo cyntaf un yr Ymddiriedolaeth Genedlaethol, ac fe gedwir yr olygfa hynod hon felly i'r oesoedd a ddêl.

❖ ❖ ❖ ❖ ❖

10

Gyda diwedd wythnos yr Eisteddfod Genedlaethol mae chwithdod bob amser. Cyn hired yn ôl â 1929 y cafwyd yr Eisteddfod Genedlaethol olaf i'w chynnal y tu allan i Gymru - a hynny yn Lerpwl. Ym 1973 fe gyflawnodd Alan Llwyd y Ddwbl yn Eisteddfod Genedlaethol Rhuthun, a Donald Evans yn Eisteddfod Genedlaethol Wrecsam 1977. Dyma feirdd y Dwbl yn ein cyfnod diweddar. Mi gyfansoddodd Alan Llwyd englyn fuddugol yn Eisteddfod Wrecsam 1977 hefyd - i Taid - sy'n fythgofiadwy :

"Er i'r tes impio'r fesen - a'i noddi
yn nyddiau ei heulwen,
Rhyw fin hwyr, a'i hafau'n hen,
Roedd eira ar y dderwen."

❖ ❖ ❖ ❖ ❖

11

Ynghanol Haf cofiwn am bwysigrwydd diogelu ein moroedd a diolchwn am ymdrechion i'w glanhau, ac i dwtio traethau.

GWEDDI AR RAN EIN MOROEDD.

Diolchwn i Ti , O Dduw, am gyfoeth dy foroedd. Diolch am gyfeillion Greenpeace sy'n malio am ddyfodol i'r dyfroedd. Boed i wledydd y byd adnewyddu glendid y moroedd gan sicrhau nad ydynt yn rhoddi gwastraff afresymol, heb ei drin ynddo.

Diolch am onestrwydd y môr bob amser - boed yn dirion neu mewn tymestl. Diolch iddo am fod yn fo'i hun ac am beidio a bod yn ddau wynebog. Gad i ni syllu i fêr llygaid yr heli a cheisio yno dy onestrwydd Di, a dod i nabod ein hunain yn well yn llanw a thrai ein bywydau byr.

Mi rydan ni gyd yn disgwyl cymaint gennyt ti, o fôr annwyl - nid yn unig i gyd-bwyso ein gwastraff ond hefyd i gymryd beichiau ein meddyliau wrth syllu arnat. Disgwyliwn iachad a glanhad i'n heneidiau cythryblus ni. Down gan ddisgwyl ateb gennyt, balm i flinder, cyfeiriad i iselder, sglein i'n disgleirdeb ni a aeth yn bwl. Mi dan ni gyd yn crefu am dy ffyddlondeb di. Mi dan ni'n gofyn llawer ohonot, llawer iawn yn wir.

Gofynnwn i ti gymryd baich ein heuogrwydd a'n hofnau ni, a glanhau'n pechodau lu. Mae hi'n andros o gyfrifoldeb i ti o fôr annwyl, ac rwyt yn cael gwybod ein gobeithion a'n cudd feddyliau fel dynoliaeth bitw. Sut wyt ti'n medru dygymod â charthu meddyliau pawb ?

Gwna ni bob amser yn onest fel y môr. Glanha ni fel ewyn gwyn a diogela'r glendid yn awr, a hyd byth - fel bo'r tosturiaethau fel y lli i bob cenhedlaeth. Fel efo'r môr par i ninnau fel dilynwyr i Ti adnewyddu ein hunain a glanhau ein hunain o'n haflendid, fel y gallom ddisgleirio er dy fwyn a bod wrth dy fodd.

Amen.

❖ ❖ ❖ ❖ ❖

12

Ym 1805 claddwyd yr emynyddes Ann Griffiths yn Llanfihangel yng Ngwynfa, Maldwyn. Cofiwn mai ei morwyn Ruth a gofnododd ei hemynau. Yn draddodiadol cofir am ferch y ffair yn troi'n ferch yr Arglwydd. Mae ei geiriau mor rymus ag erioed heddiw :

Beth sydd imi mwy a wnelwyf
  Ag eilunod gwael y llawr ?
Tystio'r wyf nad yw eu cwmni
  I'w gystadlu â'm Iesu mawr :
      O! am aros
  Yn ei gariad ddyddiau f'oes.

Ond fy hoff linellau yw paradocs mawr y ffydd:

"Rhoi awdwr bywyd i farwolaeth,
A chladdu'r atgyfodiad mawr."

❖ ❖ ❖ ❖ ❖

13

Geiriau y Fam Theresa ei hun y tro hwn i gnoi cil drostynt :

"Medrwch ddod o hyd i Calcutta drwy'r byd yn grwn os oes gennych lygaid i weld. Mae strydoedd Calcutta yn arwain at ddrws pob un. Mae'r bobl welwch chi ar strydoedd Calcutta yn newynu mewn corff, ond mae gan bobl Llundain neu Efrog Newydd newyn y mae'n rhaid ei fwydo. Mae pawb eisiau cael ei garu.

Dan ni'n meddwl ein bod ni'n gwneud cymaint dros y tlawd, ond nhw sy'n gwneud ni yn gyfoethog. Rydym yn ddyledus iddynt."

❖ ❖ ❖ ❖ ❖

14

Ar ddyddiau braf o Haf fe gofiwn am y darlun hyfryd o ddiniweidrwydd a mwynhad hafaidd a geir yng ngherdd I.D. Hooson i

"Guto benfelyn o Dyddyn-y-celyn,
A Gwenno o Dyddyn-y-gwynt."

Rydym oll wedi adeiladu cestyll tywod a'u gweld yn dymchwel gyda'r llanw'n dod i mewn :

"A'r tonnau a ruodd, a'r castell a gwympodd,
A'r llanw a ruthrodd yn gynt,
Gan ddwrdio a gwylltio
A'r wylan yn crio,
Bron syrthio mor simsan ei hynt -
Ond chwerthin, a chwerthin, wnaeth Guto benfelyn
A Gwenno o Dyddyn-y-gwynt." Gwyn eu byd. Diolchwn ar waethaf pob ymdrech i'w gwneud yn oedolion cyn eu pryd, ac i fod yn soffistigedig, fod plant dal yn blant yn y bôn.

❖ ❖ ❖ ❖ ❖

15

Diwrnod Annibynniaeth India ers 1947. Ym 1995 bu beirdd Khasia ar daith yng Nghymru efo Nigel Jenkins, ac er bod gwahaniaeth mawr a phellter mawr rhwng ein gwledydd roedd y themau yn gyfarwydd i'r naill a'r llall. Cefais y fraint o gadw cysylltiad efo un o'r awduron, a dyma rai o'i linellau :

"However important or exciting
the invitation, it is always
with cold feet that I undertake
to leave these hills".

❖ ❖ ❖ ❖ ❖

16

Ar y dyddiad hwn ym 1977 yn 42 oed fe fu farw Elvis. Mae Gwyn Thomas yn sôn yn drawiadol iawn mewn cerdd am ei fab bach yn holi amdano ac yn dweud os y bydd pobl yn dal i ddarlledu ei ffilmiau ac i chwarae ei recordiau yna fydd Elvis ddim yn marw. Ni welodd y plentyn Elvis yn ei ddadfeiliad:

"Dydy arwyr ddim yn marw
ddim pan dych chi'n chwech oed."

Hefyd cofiwn am eiriau caneuon fel *"Always on My Mind"* sydd mor arbennig ac ag arwyddocâd personol i bob un ohonom. Enghreifftiau yn wir o'r hyn a alwodd Dennis Potter yn dinc o Salmau Dafydd yn y diwylliant poblogaidd.

❖ ❖ ❖ ❖ ❖

17

Braint mawr i mi oedd cael cyfarfod Dr Sara o Gaeathro. Ar y dyddiad hwn ym 1991 fe briododd â Dr David Webster, meddyg a fu'n ei thrin. Dioddefodd meningitis a bu'n rhaid torri ei dwy goes. Ond mae wedi brwydro drwy'r cyfan gyda'i Duw. Bellach mae Sara ei hun yn feddyg yn Ysbyty Brenhinol Lerpwl. Mae ei hesiampl yn ysbyrydoliaeth loyw i eraill. "Gobeithio fod fy mhoen i wedi gwneud fi'n well doctor. Dwi'n gwybod sut brofiad yw bod yn agos at angau. Dywedwyd wrthyf y gallai fy mhrofiad unai fy ngwneud yn well person neu'n berson chwerw. Gweddiais y byddai yn fy ngwella fel person." Ar wal ystafell wely Sara ceir poster fod "Gwyrthiau yn digwydd ". Mae Sara yn brawf hyfryd ac eto di-lol o hyn.

❖ ❖ ❖ ❖ ❖

18

Daw'r Haf â'i gyfle arbennig i fynd ar deithiau, ac un lle braf i ymweld ag o yw Eglwys fach Llangelynnin rhwng y Friog a Thywyn. Mae englyn R.J Rowlands yn crynhoi apêl y fan yn llawn :

"Yn wylaidd, awn i'w gweled, a'i cho maith,
Uwch y môr gwargaled;
Heddiw crair, o hirddydd cred,
I'r diangor a'i dynged."

❖ ❖ ❖ ❖ ❖

19

Cofiaf ffoli pan yn gwneud y cwrs Lefel A Cymraeg ar ddechrau a diwedd ysgrif Islwyn Ffowc Elis - Adfyw. Ffoli'n llwyr, a dymuno ysgrifennu rhywbeth tebyg, a theimlo rhywbeth tebyg.
Dyma'r dechrau :
"Mae'r haul wedi codi naw mil o weithiau er pan welais ef gyntaf. Ni ŵyr ef mo hynny. Ni ŵyr ychwaith pa faint o'i fachludoedd a gedwais na pha sawl noson o sêr ar ôl iddo fynd dan y byd. Mi syllais arnynt a'u storio lle nad oes gwyfyn na rhwd yn llygru, na dim, ond henaint, a lle nad oes lladron yn cloddio drwodd, ond angau. A heno, cymeraf yr allwedd, a mynd at ddrws yr ystorfa, a thynnu'r tapestrioedd a'r llenni o'u llwch." Mae'r llenor amryddawn yn ein cymell yn annwyl iawn drwy'i atgofion. Ar ddiwedd yr ysgrif mae pethau'n pylu :
"Mae doe yn darfod, fel esgyrn rhyw Ffaro wrth eu cyffwrdd yn chwalu'n llwch. Ond bu felys eu gweld a'u bodio. A chyn y cyfyd yr haul naw mil o weithiau eto, bydd mwy i'w rhoi yn y storfa lle nad oes gwyfyn ond henaint, na lleidr ond angau'i hun."

Dwi'n dal i ffoli ar y geiriau er treigl y blynyddoedd, dal i ddyheu am eu glendid.

❖ ❖ ❖ ❖ ❖

20

Cynhelir un o ddigwyddiadau mwyaf poblogaidd Awstralia bob Awst. Bydd 20,000 o bobl yn ymuno mewn ras o ganol Sydney i'r traeth enwog yn Bondi. Mae miloedd yn fwy yn cefnogi ar y cyrion. Fel â phob ras y rhedwyr gorau yw'r rhai sydd ddim yn gor-wneud pethau ar y dechrau.

❖ ❖ ❖ ❖ ❖

21

Agorodd Tŷ'r Eos Wrecsam yn Awst 1995 i roi gofal terfynol i ddioddefwyr cancr a'u teuluoedd, ac mae awyrgylch arbennig , hapus yma. Gweledigaeth y Dr Graham Arthurs ydyw, ac er y bu'r llwybr yn hir i'w sefydlu, gwelwyd gwireddu ei freuddwyd. Dyma ei eiriau

"Nid oes dim yn amhosib, pa mor amhosib bynnag mae'n ymddangos ar y dechrau. Mae hwn yn wyrth yr oes fodern, sy'n dangos y gellir cyflawni pethau pan fydd pobl yn gweithio gyda'i gilydd."

❖ ❖ ❖ ❖ ❖

22

Ym 1485 cafwyd Brwydr Bosworth , brwydr olaf Rhyfel y Rhosynnau. O'i herwydd daeth Harri Tudur yn Harri'r Seithfed. Dros y canrifoedd cafwyd proffwydoliaeth y byddai Cymro un dydd yn eistedd ar orsedd Lloegr.

❖ ❖ ❖ ❖ ❖

23

Llio Eiry yn 21 oed.

"Yn y tywod, gweld tywallt - gwylanod
A'u sgein uwch yr emrallt.
Yn lliw'r lloer, Llio eurwallt,
Gweld Awst yn ogla dy wallt."
(Robin Llwyd ab Owain)

❖ ❖ ❖ ❖ ❖

24

Yn *"Our Day Out"* mae Willy Russell yn gweld bod pobl ifanc yn gweld beth ydy rhagrith. Mae Ronson un o blant y Dosbarth Cynnydd yn gweld anifeiliaid wedi eu caethiwo yn Sŵ Fynydd Bae Colwyn, a'u gweld yn debyg i'w dosbarth nhw:

"Mae'r anifail yn lladd pobl achos fod pobl yn greulon tuag ato. Maen nhw'n ei gadw o dan glo, yn y twll yma, a felly pan gaiff o ryddid mae'n siwr o fynd yn wyllt a bod am waed rhywun. Tasech chi'n ei drin o'n iawn, yna fuasai o ddim isio'ch lladd chi yn na fasa?"

❖ ❖ ❖ ❖ ❖

25

Rydan ni'n ymateb cymaint i'r ddelwedd y dyddiau hyn. Delwedd ein hardal, neu'r grŵp o bobl y digwyddwn fod gyda hwy. Byddai'r orfodaeth o dreulio cyfnod efo'n gilydd mewn cell er mor erchyll yn gorfodi tynnu'r haenau arwynebol sy'n bodoli ar bob un ohonom ac yn rhwystro gwir adnabod. Mae dinoethi o'r fath rhwng pobl yn beth arbennig, ac eto'n brin iawn. Dyma thema Frank McGuiness yn ei ddrama *"Someone who'll watch over me"* yn seiliedig ar brofiadau Terry Waite, John McCarthy a Brian Keenan yn wystlon yn y Dwyrain Canol.

Ym 1990 ar y dyddiad hwn rhyddhawyd Brian Keenan yr athro Gwyddelig a fu'n wystlon yn Beirut am bedair blynedd a phedwar mis. Dyma ei eirau :

"Gwystlon yw... unigrwydd sy'n croeshoelio... llithro mud arswydus i berfedd y gofid dyfnaf. Gwystlon yw dyn yn hongian gerfydd ei ewinedd dros ddibyn anrhefn, gan deimlo ei fysedd yn araf sythu. Ond hefyd dyma Ddyn - creadigaeth brin, unigryw a hardd a dydy'r pethau hyn ddim yn rhan ohono o gwbl."

❖ ❖ ❖ ❖ ❖

26

Mae Quentin Crisp yn ŵr ffraeth a difyr, ac mae ei eiriau ynglyn â gwleidyddiaeth werth eu hystyried mewn cyd-destun bywyd cyfan:

"Mae plant yn tyfu gan gredu fod y byd mewn gwrthdaro treisgar bythol, ac mae hyn yn golygu eu bod nhw'n tyfu i fyny efo'r teimlad ofnadwy yma fod y byd wedi cael ei gam-weinyddu gan eu rhieni, a bod yn rhaid iddyn nhw ei newid o.

Felly maen nhw unai yn cymryd swyddi lle y medran nhw eithrio'n llwyr o'r sustem ; neu mae ganddyn nhw'r gred y dylen nhw i gyd fynd allan i ganol Biaffra, ac y mae hyn yn fy meddwl i yn beth drwg.

Mae yna sefyllfaoedd na ellir eu datrus; mae na gwestiynau heb atebion iddynt, ac os nad ydych yn derbyn hyn, yna fe fyddwch yn datblygu meddylfryd heddlu.

Byddwch yn chwilio am rai i'w beio, byddwch yn dinistrio tystiolaeth sy'n groes, a byddwch yn gwthio pobl o gwmpas tan eu bod nhw mewn blociau hawdd eu labelu a hawdd eu rheoli.

Dwi'n credu bod angen dod o hyd i ryw ffordd o gael y plant i sylweddoli eu bod yn byw mewn byd amherffaith, ac nad oes unrhyw sustemau gwleidyddol all wneud gwahaniaeth. Yn wir, buaswn yn trio cael plant i weld bod gwleidyddiaeth yn wastraff llwyr ar amser."

❖ ❖ ❖ ❖ ❖

27

Mae mis Awst yn fis pwysig i'r Fam Theresa o Calcutta. Ar y dyddiad hwn ym 1910 y cafodd ei geni a mawr yw'r golled ar ei hôl. Mae englyn gan feirdd y Parc yn wych:

"Dy fywyd, Fam, sy'n ddameg - a ddywed
Fwy am Dduw na rhethreg :
Lle bo loes ein hoes annheg
Dy law wen sy'n delyneg."

Hoffaf ei geiriau am dyfu'n hen :
"Mae tyfu'n hen yn rodd gan Dduw - medrwn gyfri y blynyddoedd, yr oriau, y munudau a roddwyd i ni i garu Iesu."

❖ ❖ ❖ ❖ ❖

28

Mae'n demtasiwn y dyddiau hyn i fynd dramor am haul a heli.Ond os yw'r Haf yn ei anterth does unman gwell na'n cynefin yma yng Nghymru :

"Fuoch chi yng nghwm Alltcafan
Lle mae'r haf yn oedi'n hir ?
Lle mae'r Sane gwcw glasaf ?
Naddo ? Naddo wir ?

Welsoch chi mo Gwm Alltcafan,
Lle mae'r coed a'r afon ddofn ?
Ewch da chi i Gwm Alltcafan,
Peidiwch oedi'n hwy...... rhag ofn !"
(T. Llew Jones)

❖ ❖ ❖ ❖ ❖

29

Mae Awst yn gyfnod hyfryd o fachlud hardd dros Fae Ardudwy, yn gyfle i wylio y belen goch yn suddo y tu draw i Lyn. Dotiaf at delyneg ewythr i mi Arthur Evans yn sôn am fachlud llythrennol a machlud sumbolaidd :

Mynych awn yn blentyn bychan
I addoldy bach y cwm,
Lle doi machlud swil i lunio
Dawns y dail ar bared llwm.

Dywaid ystadegau'r doethion
Am addolwyr yn prinhau,
Bod yr achos mawr yn machlud,
A'r capeli bach yn cau.

Dim ond deuddeg alwodd Iesu,
I rai dinod fel nyni
Fe roes sicrwydd mawr o deyrnas
Na bydd machlud arni hi.

Hefyd pan fydd sôn am Achosion yn cau mae'r dyfyniad hwn gan Gwilym T Jones yn taro deuddeg:

"Os caewyd erys capel
Eto'n fyw ynom ni."

❖ ❖ ❖ ❖ ❖

30

Mae Shirley Valentine yn lleisio ein breuddwydion a'n hofnau ni oll ar ddiwedd Haf ym monolog oesol Willy Russell.

AR LAN Y MÔR YNG NGWLAD GROEG.

"Os wyt ti'n dychmygu fel y bydd rhywbeth, yn creu darlun ohono yn dy feddwl, wel dydy o fyth yn digwydd felna yn nac ydy? Am wthnosa dw i di dychmygu fy hun yn ista yma, yn ista yma'n yfed gwin wrth y môr; ron i hyd yn oed yn gwybod sut rôn i'n mynd i deimlo. Ond pan gyrhaeddodd o, doedd o'm byd tebyg. Achos pan y cyrhaeddais i 'ma doeddwn i ddim yn teimlo'n braf a bodlon o gwbl. Rôn i'n teimlo braidd yn wirion deud y gwir. Tipyn yn ffôl, ac yn andros , andros o hen. Yr hyn oedd yn dod nôl i'r meddwl dro ar ôl tro oedd mod i 'di byw bywyd mor fach. Ac un ffordd neu'r llall byddai hwnnw hyd yn oed drosodd cyn hir. Meddyliais i - ma mywyd i wedi bod yn drosedd wir - yn drosedd yn erbyn Duw, achos .... dydw i heb fyw bywyd yn llawn. Mi rôn i wedi caniatau i mi fy hun i fyw y bywyd bach 'ma, pan oedd gen i gymaint mwy y tu mewn i mi. Cymaint mwy fel y gallwn i fod wedi cael bywyd llawnach - ond roedd o'i gyd heb gael ei ddefnyddio, ac rŵan câi o fyth ei ddefnyddio.

Pam.....pam dan ni'n cael ... y bywyd ma i gyd pan fedrwn i ddim ei ddefnyddio fo ? Pam dan ni'n cael yr holl..... yr holl deimladau a gobeithion os na chân nhw fyth eu sylweddoli ? Dyna lle y diflannodd Shirley Valentine. Mi aeth hi ar goll ynghanol yr holl fywyd oedd heb gael ei ddefnyddio."

❖ ❖ ❖ ❖ ❖

31

Heddiw ym 1688 bu farw John Bunyan a welodd bywyd fel taith - Taith y Pererin. Cofiwn ninnau am ddyfyniad gan Bryan Martin Davies am ddechrau'r daith :

"Pan oedd sadyrnau'n las,
a môr yn Abertawe'n rhowlio chwerthin
ar y traeth,
roedd cychod a chestyll a chloc o flodau
yn llanw'r diwrnod ".
Mae'n bwysig bod rhai sadyrnau'r dal yn las yn ein profiad.

❖ ❖ ❖ ❖ ❖ ❖ ❖ ❖ ❖ ❖

1

Dyma nodyn gogleisiol a welais ar wal ystafell athrawon mewn ysgol yn Yr Wyddgrug : "Oherwydd y cwtogi ariannol presennol, fe fydd y golau ym mhen draw'r twnel yn cael ei ddiffodd am y tro."

❖ ❖ ❖ ❖ ❖

2

Ar y dyddiad arbennig hwn ym 1891 y sefydlwyd Côr Meibion y Rhos, a dyma i chi gôr sy'n llwyddo i yrru iasau i lawr y cefn efo'u dehongliadau. Maent yn "gyrru oeriasau i lawr yr oesau" a diolch am ddoniau ac artistiaid sy'n gallu deffro yr ysbryd hwnnw yn ein clai.

❖ ❖ ❖ ❖ ❖

3

Ar ddechrau tymor ysgol newydd gweddus yw i ni ddarllen Gweddi Athro sy'n sôn am yr addysg na ellir ei fesur y mae llawer i athro yn ei gynnig :

GWEDDI ATHRO
(addasiad o gerdd Jill Wolf)

"Dw i isio dysgu fy nisgyblion mwy na gwersi mewn llyfr
Dw i isio dysgu pethau dyfnach y bydd pobl yn eu hosgoi -
Gwychder y Cread- ei ddefnydd -ond hefyd ei brydferthwch.
Dysgu cywreinrwydd er mwyn iddynt ganfod yr hyn sydd yn wir,
sut i feddwl a dysgu pob dydd i fod yn gryfach.
Dysgu sut i dyfu mewn doethineb ac mewn gras,
fel y byddan nhw un dydd yn gwneud yr hen fyd 'ma yn lle gwell, mwy dymunol.
Arglwydd gad i mi fod yn gyfaill ac yn arweinydd i roi cychwyn i'r meddyliau hyn
ar eu llwybr i lawr ffordd hir a throellog bywyd.
Wedyn fe fydda i o leia, wedi gwneud fy rhan.
Amen."

4

Ym 1968 roedd Mary Hopkin ar frig y siartiau efo'r gân enwog *"Those Were The Days"*. Cafodd recordio gyda chwmni Apple y Beatles. Hefyd ar y dydd hwn ym 1962 y recordiodd y Beatles am y tro cyntaf yn EMI Abbey Road Llundain. Dros y blynyddoedd fe gam-ddyfynwyd a gwyrdroi rhai o eiriau John Lennon megis yr adeg y dywedodd y byddai'r Beatles yn enwocach na Iesu Grist.

Cofiwn hefyd (fel mae Lerpwl yn cofio'n annwyl iawn) mai John Lennon oedd y gŵr a ddywedodd i roi Cyfle i Heddwch,a ddathlodd Nadolig a gorfoledd cyhoeddi fod Rhyfel ar Ben, ac ef yw'r gŵr a fu'n Dychmygu:

"Fe ddywed rhai mod i'n freuddwydiwr,
ond nid y fi di'r unig un ;
Dw i am i'r byd ddal dwylo
A'r gwledydd oll i fyw'n gytûn."

Oherwydd hyn, rhaid i ni wrando arno. Dotiais at gerdyn a ddodwyd ar gofeb John Lennon yn Cavern Walk Lerpwl. "Dim ond deigryn i ffwrdd" neu yn y Saesneg gwreiddiol *"Never more than a tear away, my friend."* Braf yw gweld hefyd Paul McCartney yn cydnabod ei ddyled i'w wreiddiau yn noddi Athrofa Lerpwl i'r Celfyddydau Mynegiannol - ac arwyddair aruchel y Ganolfan a agorodd yn Ionawr 1996 yw "Nid i ni ein hunain, ond i'r byd yn gyfan y'n ganwyd."

❖ ❖ ❖ ❖ ❖

5

Ar y dyddiad hwn ym 1912 y cynhaliwyd Eisteddfod Genedlaethol Wrecsam pan enillodd T.H. Parry Williams y Goron a'r Gadair. Ef oedd y cyntaf i wneud hynny. Pan ddychwelodd yr Eisteddfod Genedlaethol i Wrecsam yn Awst 1977 cyflawnwyd yr un orchest gan Donald Evans.

❖ ❖ ❖ ❖ ❖

6

"Ond mi glywais rai yn sôn am fynydd menyn
Ac mi glywais rai yn sôn am lynnoedd llaeth
Ond mi wn na fyddech chi, sy'n Gristionogion,
yn caniatau gwastraffu bwyd a maeth."

(Dafydd Iwan : Hawl i Fyw)

❖ ❖ ❖ ❖ ❖

7

Ym 1936 llosgwyd yr Ysgol Fomio gan yr Awyrlu ym Mhen Llŷn gan Saunders Lewis, Lewis Valentine a D.J Williams. Mae cerdd gelfydd gan Gwynn ap Gwilym syn cofnodi'r digwyddiad. Mae Lloegr yn gweld y cyfan fel trais "a hallt yw'r gosb am dân yn Llŷn". Ond mae'r amgylchfyd naturiol yn Llŷn yn sibrwd yn wahanol, ac yn ei weld yn ffordd o gadw heddwch oesol y llecyn hyfryd hwn.

'Prydferthwch' sibrydodd y dail wrth y nos,
a'r nos wrth y lloer, a'r lloer wrth y gwynt.
'Prydferthwch' utganodd y gwynt dros y rhos -
'Mae tân yn Llŷn.'

'Dieuog' sisialodd yr haul wrth y ddôl,
a'r ddôl wrth y nant a'r nant wrth y glyn.
'Dieuog' wylodd y glyn wrth y gwlith,
'am dân yn Llŷn.'

Ar adegau mae Deddf uwch na chyfraith llythrennol gwlad.

❖ ❖ ❖ ❖ ❖

8

Gwelais y geiriau canlynol yn goleuo o dudalennau papur yr athrawon "Yr Athro" ac mor addas mae geiriau Dave Jones, Betws, Casnewydd yn crynhoi siniciaeth wag y dydd :

"Os ydych yn hwyr i'r gwaith, ni arweinir drwy esiampl,

os y cyrhaeddwch yn fuan, rydych yn ceisio creu argraff neu rydych yn anhapus gartref.

Os yr arhoswch yn hwyr, credwch eich bod yn hanfodol ac anhepgorol,
Os y gadewch ar y gloch, nid oes gennych ddim diddordeb yn y gwaith.

Os y trafodwch gyda'r athrawon,rydych wedi ofni cymryd penderfyniad,
Os na thrafodwch, yna rydych yn unbeniaethol.

Os y datgelwch gyfrinach wrth rai, rydych yn creu carfanau,
Os na wnewch, rydych yn berson oeraidd.

Os ydych yn garedig, rydych yn ceisio bod yn boblogaidd,
Os nad ydych, yna nid oes gennych deimladau dynol.

Os y soniwch am syniadau newydd, rydych yn fodernaidd,
os na soniwch, nid oes gennych unrhyw weledigaeth.

Os y gadewch i eraill ysgwyddo cyfrifoldebau, yna ni haeddwch eich swydd,
os na wnewch, rydych yn hunanol ac yn egoaidd.

Os ydych yn hen, mae'ch dyddiau gorau heibio,
Os yn ifanc, mae digon o le i'ch addysgu.

Os y mynnwch gadw at y rheolau, rydych yn anhylaw,
Os na wnewch, rydych yn wan.

Os aiff popeth yn iawn, bu ichwi fod yn hynod ffodus,
Os nad aiff pethau'n iawn, eich bai chwi yw."

❖ ❖ ❖ ❖ ❖

9

Mae dechrau tymor arall yn gwneud i mi gofio mor bwysig yw cael athro sydd wrth fodd disgybl, a chymaint mwy yr ydych yn ei ddysgu gan athro yr ydych yn hoff ohonynt. Ar waethaf lefelau, profion, a phob math o bwyso a gwasgu, y cymeriadau lliwgar annwyl sy'n byw yn ein cof. Dyna oedd profiad Dafydd Rowlands o'i athro Eic Davies. Roedd athrawon eraill yn ei ddilorni a'i fychanu:

'Rowlands!' - yr athro Mathemateg - *'Do YOU see this desk?'*
Tap, tap ar y pren â'i law fach wen. *'This is what your brain sounds like!'*

"I want you to write me an essay' - yr athro Hanes
'on the following : Account for the long tenure of office of
Walpole. Rowlands ! Don't YOU bother ! YOU can try to write
me a short paragraph on the little YOU know about history !'
Marw'n ddistaw yn 'y nghragen.

Mae Eic Davies yn rhoi enw barddol iddo - Dafydd Rolant, a gofyn iddo ysgrifennu Ysgrif
"Ti d'unan miwn gire, ar bapur". A dyma'r deyrnged sy'n cloi'r gerdd :

"Fe roddaist imi enw, a chyfystyr ar ryw olwg enwi â chreu.
A thithe'n bedwar ucen o'd, diolch i ti am yr enw."

❖ ❖ ❖ ❖ ❖

10

Ym 1604 bu farw'r Esgob William Morgan yn Llanelwy :

Roedd Beibl William Morgan
yn rhodd deheulaw Duw,
Yn noddfa i'n cyndeidiau
Yn ganllaw dynolryw,
A neges fawr ei gariad
O noeth bulpudau'r Llan
Yn esgyn ein golygon
A chodi'r galon wan.

Daeth geiriau Duw i'n harwain
Mewn iaith a garaf fi
Rhown iddo'r clod a llawenhawn
mae'n Drysor mawr i ni."

11

Ganwyd D.H Lawrence y nofelydd a'r llenor amryddawn ym 1885. Un o'm hoff gerddi ganddo yw *"Courage"* a dyma ddyfyniad byr ohoni :

"What makes people unsatisfied
is that they accept lies.

If people had courage, and refused lies
and found out what they really felt and really meant
and acted on it,

They would distil the essential oil out of every
experience
and like hazel nuts in autumn, at last
be sweet and sound."

❖ ❖ ❖ ❖ ❖

12

Byddaf wastad yn edmygu cenhadaeth a her y gantores Gristnogol o Gynwyl Elfed - Nia - sydd yr un mor boblogaidd os nad yn fwy poblogaidd yn America a Lloegr nag yn ei mamwlad. Mae'n perfformio tua cant a hanner o gyngherddau gospel led led y byd. Mewn cyfweliad diweddar yn y cylchgrawn "Cristion" gwelais her arbennig i ni yn ei geiriau :

"Rydym yn byw mewn byd lle mae car yn mynd o 0-60 mewn chwe eiliad, lle mae disgwyl am fax erbyn hyn yn rhy hir a lle mae E- Mail yn ei gwneud hi'n bosibl i ni fynd i lyfrgell yn Awstralia heb adael ein cartref. Eto da ni yn disgwyl i bobl ddod i mewn i eglwysi a chapeli i wrando ar gyflwyniad sydd wedi bod yr un peth ers 1904 a chyn hynny." Rhywbeth yn sicr i gnoi cil drosto.

❖ ❖ ❖ ❖ ❖

13

Ym 1916 ar y dyddiad hwn ganwyd Roald Dahl yn Llandaf, Caerdydd. Mae ei lyfrau plant yn arbennig yn chwyldroadol, ac

wedi troi aml un at ddarllen - meddyliaf am y Nain druan yn ffrwydro yn *"George's Marvellous Medicine"*. Fy hoff linell ohonyn nhw i gyd yw'r linell anfarwol sy'n cychwyn *"The Twits"*:
"Mr and Mrs Twit are twits!!"

❖ ❖ ❖ ❖ ❖

14

Er ein bod ninnau bellach yn ôl yn rhigolau ein hamserlenni gaeaf, mae yna ddyddiau lliwgar led-led y byd. Yn ninas Bali cynhelir Dydd y Reis Melyn - a elwir Nyepi. Mae'n adeg o buredigaeth er mwyn sicrhau cnydau da. Mae'r drymiau yn cael eu seinio o bentref i bentref.

❖ ❖ ❖ ❖ ❖

15

Gweddi Cymorth Cristnogol.

Ysbryd Duw
rhoddwr bywyd a chariad,
rwyt ti'n deud y gwir ;
rwyt ti'n llosgi'r drwg ymaith ;
mae'n rhaid i ti gael cyfiawnder.
Rho'n calonnau ar dân
a'n gwneud yn un corff
â phawb sy'n ceisio dy gynhesrwydd.

❖ ❖ ❖ ❖ ❖

16

Cyhoeddwyd Owain Glyndŵr yn Dywysog Cymru ar y dyddiad hwn ym 1400 yng Nglyndyfrdwy ger Corwen.

❖ ❖ ❖ ❖ ❖

17

Ym 1811 cwblhawyd Cob Porthmadog, sy'n ffrwyno dŵr yr Afon Glaslyn pan yw llanw'r Traeth Mawr yn uchel. Yn yr Haf yn aml ceir ffrwyno ar y drafnidiaeth hefyd wrth i ymwelwyr lifo i Lŷn ac Eifionnydd dros y Cob.

❖ ❖ ❖ ❖ ❖

18

"O mor eang yw cylchrediad
Newydd drwg neu gam ymddygiad,
Ond mor dawel y gymwynas -
Ei dinodedd yw ei hurddas."

(Lewis Evans)

❖ ❖ ❖ ❖ ❖

19

"Diwerth llefaru deuair
A'r ergyd i gyd mewn gair."

❖ ❖ ❖ ❖ ❖

20

Cofiwn am waith gwerthfawr cartrefi fel cartref Bontnewydd a roddodd aelwyd a pherthyn i rai hebddo yn eu bywydau. Mae englyn Eirian Davies yn dweud y cyfan mewn ychydig eiriau:

"Uwch aelwyd wedi'i chwalu - y gwelais
Y golau'n diflannu.
Ond, er ofnau dyddiau du,
Rwy'n dal yn rhan o deulu."

❖ ❖ ❖ ❖ ❖

21

Mae'r dramodydd Dennis Potter yn drawiadol yn sôn am un o'i gampweithiau diweddar cyn ei farw, yn gwneud i ni gyd ystyried ein cyfraniad a'n pwrpas :
"Yn *Karaoke* mae yna ychydig wedi ei leoli mewn clwb karaoke, ond wrth gwrs mae'n drosiad ..... mae 'na fiwsig, ac mae gennych eich llinell fechan, medrwch ei chanu, ac mae popeth wedi ei ysgrifennu ar eich cyfer, a dyna sut mae bywyd yn ymddangos ac yn teimlo i lawer o bobl."

❖ ❖ ❖ ❖ ❖

22

Ym 1862 fe gyhoeddodd yr Arlywydd Lincoln fod y Caethweision yn Rhydd, ac fe'i cofir hyd ein dydd ni gan gantorion fel Marvin Gaye. Dyma'r dyddiad ym 1955 y cychwynodd Teledu Annibynnol ITV yng Ngwledydd Prydain. Dau chwyldro yn wir.

Ond i ninnau yng Nghymru fe gofir am y danchwa a laddodd 265 o lowyr ym Mhwll Glo Gresffordd ger Wrecsam. Sonnia I. D Hooson yn ei gerdd "Y Lamp" am y gobaith oedd dal ynghyn y deuai rhai o blant y Rhos yn ôl, a bod y drysau ar agor led y pen yn disgwyl am newyddion. Er mai sôn am drychineb glo arall y mae Stephen Jones yn y gerdd "Y Graith" mae yr un mor addas :
"Dyfnach na phwll yr Hafod,
Duach na glo y gwaith
Ac is na'm hisymwybod
Yw'r annileadwy graith."

❖ ❖ ❖ ❖ ❖

23

Bu Iwan Llwyd yn crwydro America ac yn recordio cerddi teledu. Dyma ran o un trawiadol am brif-ddinas y canu gwlad Nashville:

"Cyn cyrraedd Nashville mae'n rhaid troi'r clociau'n ôl
i oes pan oedd pawb yn credu breuddwyd roc a rôl.

Ac mewn honky tonk ar Broadway a 2nd Avenue mae

rhywun trwy'r dydd
yn codi'i gitâr yn obeithiol ac yn dal i gadw'r ffydd :

ac yng nghalonnau a chaneuon yr honky tonks blêr
mae'r clociau'n dal i droi'n ôl at y 'speakeasys' a'r sêr."

❖ ❖ ❖ ❖ ❖

24

Haiti ydy'r wlad dlotaf yn y byd gorllewinol, ond daw'r geiriau hyn o gân y bydd Cristnogion yn Haiti yn ei chanu. Mae Cymorth Cristnogol yn helpu Haiti i wella ei adnoddau cynhyrchu bwyd, darparu gofal meddygol i'r tlotaf, ac i sefydlu democratiaeth sefydlog.

"Dywedwn y dylai hyn newid
ond bydd dim yn newid
tan y bydd y tlotaf a'r gwanaf
yn gwybod eu nerth eu hunain.

Bydd dim yn newid
tan y bydd y wraig dlotaf yn sylweddoli
ei bod hi'n berson
cystal â phersonau eraill.

Bydd dim yn newid
tan y deallwn ein bod yn blant i Dduw
a'n bod yn llawn o bosibiliadau
sy'n dod gan Dduw."

❖ ❖ ❖ ❖ ❖

25

Ar y diwrnod hwn ym 1956 y cafwyd ffonio rhwng Prydain ac America am y tro cyntaf. Cyfathrebu rhwng cyfandiroedd. Hefyd ym 1987 bu farw y dramodydd o Lanrafon Sir y Fflint - Emlyn Williams. Gŵr arall a gyfathrebodd rhwng cyfandiroedd a rhoi darlun fwy triw o Gymru na llawer un. Mewn sgwrs a roddodd yn Steddfod Genedlaethol y Rhyl 1953 sonia amdano yn esbonio yn Ffrainc i'w athro Eidaleg nad Sais mohono:

"Je ne suis pas un petit anglais, je suis un petit gallois, je suis de Wales." Yna mae'r Ffrancwr yn gofyn lle mae Cymru, ai rhan o Loegr ydyw, ac mae'n esbonio mai gwlad fechan hardd ydyw - gwlad ei wreiddiau. *"Le Wales est un petit pays très special"*.

Ymhellach mae'n sôn yn obeithiol am ddyfodol y Gymraeg yn hen ardal Pwll y Parlwr Du. "Caeais fy llygaid a theimlo'r hen sudd Cymreig yn mynd i mewn i mi, yr etifeddiaeth a roes i mi gryfder. Clywais leisiau o'r coed deiliog. Roedd na ddau hogyn bach yn dringo ac yn galw ar ei gilydd.. 'Rwy'n syrthio, paid â thorri'r goeden'. Meddyliais, does dim yn marw. Yr un hogiau yw'r rhain â ni flynyddoedd yn ôl, Ifor a John a minnau. Ymhen deugain mlynedd mi fyddan nhw yr un bechgyn eto yn galw ar ei gilydd yn yr un geiriau Cymraeg."

❖ ❖ ❖ ❖ ❖

26

"Er trafaelio'r daith feithaf,
Byr ei hyd mewn cwmni braf."

❖ ❖ ❖ ❖ ❖

27

"Ond pan fo'r môr heb awel
A'r don heb ewyn gwyn,
A'r dydd yn marw'n dawel
Ar ysgwydd bell y bryn,
mae nodau pêr yn dyfod,
A gwn yn eithaf siwr
Fod clychau Cantre'r Gwaelod
I'w clywed dan y dŵr."

(J.J Williams)

❖ ❖ ❖ ❖ ❖

28

Darlunir Hydref bywyd gan Shakespeare fel a ganlyn :

"Ustus
yn foliog braf gan fraster ffowlyn ffres,
Yn llym ei lygad ac yn dwt ei farf,
Llawn dywediadau doeth a phrofion modern,
ac felly yr â drwy'i bart."

(Trosiad J.T Jones).

❖ ❖ ❖ ❖ ❖

29

"Pan mae popeth fel petai yn dy erbyn, cofia fod Duw o dy blaid."

❖ ❖ ❖ ❖ ❖

30

Ym 1878 bu farw Evan James, awdur geiriau "Hen Wlad fy Nhadau." Oes wahanol i oes y dechnoleg bresennol.

Yn ei ddrama olaf "Cold Lazarus" mae Dennis Potter yn codi mater Realiti Gwireddus :
"Fedrwch chi fwy neu lai deimlo eich bod chi'n cael cyfathrach rywiol efo Marilyn Monroe. Bydd realiti gwireddus yn ymosod ar y byd adloniant, ond hefyd ar eich synnwyr chi eich hunain o realiti." Gofalwn fod datblygiadau chwim technoleg ein hoes yn cyfoethogi ein bywydau a'n profiad mewn gwirionedd.

❖ ❖ ❖ ❖ ❖ ❖ ❖ ❖ ❖ ❖

1

"Dail yn disgyn yw Pregethau Natur" medd y dywediad. Ar ddechrau'r tymor Diolchgarwch, ac ar ddiwrnod Rhyngwladol Cerddoriaeth dyma fyfyrdod :

Fel gwylio goleuadau dinas yn y nos yn fud, felly bydd dy ddylanwad Di arnom ni heddiw , O Dduw. Tawela ni, a rho i ni ysbryd o ddiolchgarwch.Wnei di dawelu y dyfroedd mewnol cythryblus sydd yn ein bywydau prysur, a rhoddi bodlondeb i ni weld Dy bresenoldeb yn ein bywyd a'n gweithredoedd - bodlondeb na all unrhyw arian ei brynu.

Pan fydda i'n dymuno bod yn agosach at fy Nuw, mi fydda i'n gobeithio y medraf barchu rhywun am y tro cyntaf a chael eu parch yn ôl, yn meddwl am bobl ddymunol sy'n rhoi, i fod yn eu cwmni, a gobeithio y medraf roddi rhywbeth iddyn nhw, a diolch am gymaint yr ydw i'n ei gael ganddyn nhw.Diolch am hyfrydwch pobl - eu harddwch mewn pryd a gwedd, ond yn bennaf yr harddwch mewnol sydd gan bob un ohonom ond i ni chwilio amdano.

Mi fydda i'n meddwl am y bobl hynny sy'n pasio drwy ein bywydau- rhai y cawn brofi eu dawn, eu carisma neu eu cyfeillgarwch am awr neu ddwy, a gobeithio am ail gwrdd ond hynny ddim yn dod. Mi fydda i'n cofio am garedigrwydd annisgwyl - nôl diod i safio ciwio, derbyn cerdyn o werthfawrogiad, derbyn gwên ddofn sy'n golygu rhywbeth, neu faddeuant mwyn am dramwyo neu frifo, a'r hyder wedyn i ail-adeiladu cyfeillgarwch ac i helpu eraill i ail adeiladu. Dysg i ni beidio ag ymateb yn ôl yn ffyrnig os ydym ni yn cael ein brifo, ond yn hytrach ddymuno y caiff y bobl hyn fywydau hapusach a llawnach.Gwna ni yn bobl sy'n cloddio am yr aur yn lle bodloni ymdrybaeddu yn y llaid arwynebol.

Pan fydda i angen dangos fy niolchgarwch i Dduw byddaf yn meddwl am leoliadau sy'n bwysig, sy'n caniatau i ni ymddatod rhag hualau y byd. Aelwydydd sy'n cynnig eu cariad i mi - eu tân glo o gynhesrwydd yn y Gaeaf a'i ddrysau agored yn yr haf.Mi fydda i'n cofio am ffydd a hyder ein cyndeidiau a sefydlodd gapeli ac eglwysi yn dystiolaeth byw i Iesu Grist, ac yn cofio'r neges fod rhwydwaith Duw ddim yn gyfan heb ein lliw arbennig ni.

Mi fydda i'n meddwl am y bobl hynny y cawn fynediad i'w calonnau a'u heneidiau nhw, ac yn y parch sy'n deillio o hynny, daw atgof i'n cynhesu pan fyddo'r nos yn hir. Mi fydda i'n meddwl am y bobl hynny y gallwn adael goriad y tŷ iddyn nhw yn ogystal ag agoriad y galon.Diolchwn am bawb a gynigiodd rywbeth i ni o'u profiad i'n gwneud ni yn well pobl. Diolch am gadw cyfrinach a rhannu baich, deall heb ofyn, a phob ymgais i glosio at adnabyddiaeth gyflawn o'r bobl sy'n dymuno hynny.

Pan fydda i isio diolch am wychder Duw mi fydda i'n cofio doethineb henoed, delfrydiaeth ieuenctid. Cofiaf am barodrwydd ieuenctid i wynebu pethau a'u dewrder i fentro. Diolch am wychder partneriaeth, dewrder unigolion a'r cynhesrwydd sy'n deillio bob amser o deimlo eich bod chi'n cyfrif. Pan fo'r fron eisiau cysur mi fyddaf yn sbio ar hen lyfrau o luniau lle mae'r cof yn parhau'n ir am bethau gorau bywyd, wedi eu dal mewn eiliad na ddaw'n ôl. Yno, rhwng cloriau'r albwm does neb yn mynd yn hen a does neb yn marw. Diolchaf am enw ar glawr llyfr, neu rodd o fan arbennig ar wyliau sy'n dal i ysbrydoli.Diolch am fedr gwneuthurwyr a gyrrwyr awyrennau sy'n gwneud ein byd rhyfeddol yn llai, ac yn fwy agored. Diolch am feddygon a nyrsus sy'n trin ein cyrff a'n meddyliau briw dan amgylchiadau anodd eu hunain, ac yn wir pob galwedigaeth sy'n hyrwyddo cyfathrebu ac ymddiried rhwng unigolion.

Pan fo gwaith mewn cyfnod diflas neu fywyd mewn rhigol mi fydda i'n diolch am ddydd Sadwrn a Dydd Sul lle na fydd y byd yn gwasgu ar fy ngwynt i, na gofalon yn llyffethair. Pan fyddaf angen prawf o ofal Duw i'm hybu mi gofiaf fod nos yn dilyn dydd, bod i dymhorau ac i bopeth ei lanw a thrai, ac addewid bod ein hymdrechion diffuant yn cael eu gwobrwyo.Mi fydda i'n hoffi meddwl mor fychan ydw i , a'm meddyliau, o gymharu â gwychder Cader Idris, aber y Fawddach a thrai a llanw Bae Ardudwy.

Gyda diolchgarwch cofiwn am ein ffydd mewn pobl, am bob ymdrech gadarnhaol. Edmygwn bawb sy'n cwestiynu'r Drefn a'u cwest am y Gwir - i geisio dod i dy adnabod Di'n well. Ar adegau fel hyn mi fydda i'n diolch yn syml iawn am gael y gras i fodoli ar wychder dy Ddaear. Dysg i mi beidio â chymryd y byd a'i brofiadau yn ganiataol a diogela bawb ohonom i weld ein llwybr ymlaen yn glir.Wedi melyster cwsg mae yfory yn ymagor yn llawn posibiliadau a chyfleoedd newydd. Mae gorwel newydd yn herio.Daeth yfory yn heddiw.

❖ ❖ ❖ ❖ ❖

2

Yn ddiweddar fe ofynnwyd i mi gyfrannu neges o heddwch i Goeden Heddwch oedd yn rhan o arddangosfa yn y Ganolfan Gelf

leol. Pendronais am rywbeth i fedru rhoi ymhlith negeseuon diffuant y plant. Erbyn i mi benderfynu ar eiriau a mynd yno i wneud roedd y goeden wedi mynd, ond mae'r geiriau a'r dyhead yn parhau :
"Boed Heddwch yn y byd
yn dechrau'n fy nghalon i."

Hefyd ar y dyddiad hwn ym 1926 y ganwyd Jan Morris yr awdur taith, ac fe gofiaf yn hir yr argraff o harddwch, ceinder a breuder a geir yn ei disgrifiadau hynod hi o harddwch dinas Venezia.

❖ ❖ ❖ ❖ ❖

3

Dyma englynion i fendithio'r Casgliad gan W.D Williams y Bermo, sydd ddim mor adnabyddus â'r Gras cyn Bwyd:

I Ti, cyflwynwn, ein Tad - annigon
Geiniogau ein casgliad ;
I Ti sy'n rhoddi mor rhad
Ddoniau gorau Dy Gariad.

O, Dirion Roddwr, dyro - inni ras
i'w haddas ddefnyddio;
Pob gwasgar a phob gwario
Dan wlith dy hael fendith fo."

❖ ❖ ❖ ❖ ❖

4

Cynhelir Gŵyl Ffransis o Assissi, sylfaenydd Urdd y Ffransicans, a ffrind creauriaid. Cofiwn y linell enwog o'i weddi bob dydd :
"Arglwydd, gwna fi'n offeryn dy dangnefedd"

❖ ❖ ❖ ❖ ❖

5

Dyma addasiad o gerdd drawiadol Mervyn Peake *"Out of the Chaos of My Doubt"*

"O ganol dryswch fy amheuaeth
a dryswch fy nghelfyddyd
fe drof atat Ti yn anorfod
fel y nodwydd at y pegwn
y trof.......fel mae'r 'mennydd oer at yr enaid
yn troi yn ei ansicrwydd ;

felly y trof ac y dyheaf amdanat Ti
felly y dyheaf, a throi at y Cariad
sy'n llosgi drwy'r dryswch lwybr y gwir,
ac sy'n goleuo fy ffordd."

❖ ❖ ❖ ❖ ❖

6

Mae Hydref Joyce Grenfell yn parhau'n llawn gweithgaredd :
"A phan rôn i'n wraig yn ei hoed a'i hamser,
doedd na'm amser ar ôl.
Ddim amser i'w sbario.
Dim mwy o dro i ista'n yr haul,
achos yn ddiffael
atebem y ffôn
a gwyliem y teledu,
gwarchodem y plant
a siarad â'n ffrindiau
a siopa, siopa, siopa, siopa,
a golchi llestri, golchi llestri, golchi llestri
sgwennu llythyrau, sgwennnu llythyrau,
brysio, brysio, brysio
wastad at ryw nod.
Nid diflas ein byw a'n bod.
Pan rôn i'n wraig yn ei hoed a'i hamser
Doedd na fyth amser i feddwl.

Diolch i Dduw."

❖ ❖ ❖ ❖ ❖

7

Un man lle y gellir dod o hyd i heddwch a llonyddwch y gellir ei deimlo yw ym Mhennant Melangell. Trwy weledigaeth Offeiriad yr Eglwys a chydweithrediad CADW rhwng 1988 ac 1992 casglwyd £177,000 i adfer yr Eglwys sy'n cynnwys safle creiriau'r Santes Melangell ei hun. Ceir y chwedl amdani yn diogelu yr ysgyfarnog rhag yr helfa yn cuddio "ŵyn bach Melangell". Ond ar ymweliad yno ochr ysbrydol y lleian oedd yn cael ei bwysleisio yn hytrach na'r hen chwedl. Mae lle yma rŵan i gael encil, a miloedd yn ymweld bob blwyddyn. Mae balm i gael yma a rhu cwn Brochwel ein byd ymhell. Ar fedd ym mynwent yr Eglwys ceir englyn sydd rywsut yn anghydnaws â heddwch y lle, ac yn ormod o atgof am y byd mawr i lawr y ffordd:

"Ar fy medd na ryfeddwch - rai ifainc
Er afiaith a thegwch,
Diau mai buan deuwch
I'r llawr fel finnau i'r llwch."

Rhybudd i ni gyd wneud y gorau y medrwn o'n bywydau byr, brau. Ond hefyd yn chwarae yn fy nghlustiau yn ystod fy ymweliad oedd cân Plethyn :
"I'r sgwarnog a'r llwynog, y cudyll coch a'i gyw.
Rhown ninnau bob nodded, fe'u ganed hwythau i fyw
y ffwlbart a'r wenci, a'r dwrgi draw'n y llyn,
Boed iddynt oll eu rhyddid ar ddôl a phant a bryn."

❖ ❖ ❖ ❖ ❖

8

Yn yr ysgol cofiaf ar gyfer Lefel O Saesneg astudio nofel L.P Hartley *"The Shrimp and the Anemone"* - y cyntaf mewn trioleg o lyfrau am y berthynas gymhleth rhyngddo â'i chwaer. Dim ond wedyn y cefais fy syfrdanu gan ffilm efo Julie Christie ynddo o'r enw *"The Go Between"* gyda cherddoriaeth arbennig Michel Legrand. O droi at y nofel cawn un o'r llinellau enwocaf ar gychwyn nofel:
"Mae'r gorffennol yn wlad estron. Mae nhw'n gwneud pethau yn wahanol yno."

❖ ❖ ❖ ❖ ❖

9

Cyn dechrau ar Hydref ei bywyd mae Shirley Valentine yn dod i fodlondeb.

GEIRIAU SHIRLEY I JOE AR Y FFÔN O GROEG.

"Yr unig romans ar fy ngwyliau dw i di gael ydy romans efo mi fy hun Joe.....A dwi'n meddwl mod i wedi dechrau dod i hoffi fy hun, deud y gwir. Dwi'n meddwl mod i'n iawn Joe. Dwi'n meddwl taswn i'n gweld fi ... mi fuaswn i'n deud Mae'r wraig yna yn O.K...... Mae hi'n fyw. Dydy hi ddim byd arbennig, dydy hi ddim ......ddim yn mynd i fod yn y llyfrau hanes. Ond mae hi yna yn yr amser mae hi'n byw ynddo. Oes mae ganddi hi ei chreithiau, ond mae'r creithiau yn profi ei bod hi'n fyw. Mae'n amhosib i'r wraig mae Joe isio i fynd adre , achos dydy'r ddynes yna ddim yn bodoli mwyach.........

.... Mi fydd o yma yn y munud. Mae o angen gwyliau. Mae o angen teimlo'r haul ar ei groen ac i neidio i ddŵr mor ddyfn â Thragwyddoldeb, i gael ei wallt gwlyb wedi ei gusanu. Mae o angen syllu allan ar y môr. Ac i ddeall pethau."

❖ ❖ ❖ ❖ ❖

10

"Fe gawn rhyw gyfrin allu trwy Fab Duw
Rydd nerth i ni aberthu er cyd-fyw
hen fyd mor dechnolegol
mor bell o lety'r ebol
O tyrd yn edifeiriol at Fab Duw
A sicrhau'r dyfodol trwy Fab Duw.

Efe sy'n dal i gynnal dynolryw
Er gwaetha bywyd gwamal dynolryw
o rhown ein hunain Iddo
yn sgîl y moderneiddio
Y Crist sydd eto'n hawlio dynolryw
Daeth yma i fendithio dynolryw."

(Dan Arswyd Ymbelydredd - R.E.Rowlands)

11

Nid oes im hafan yn y byd,
  Di-nodded yw fy rhan,
yr ofnau'n herio'r galon friw
  a siglo'r enaid gwan.

Anwadal ydyw gorau dyn,
  Tymhorol yw ei fri.
Ymbiliaf am Dy noddfa, Iôr,
  A hedd dy gariad Di.

Rho imi'r sicrwydd oddi fry
  a'r hyder cadarn, byw
sy'n troi y llwfr yn gennad dewr
  yn rhengoedd gweithwyr Duw.

Clodforaf byth ryfeddod cain
  a gwyrth Dy gread mawr,
a'th ffordd yng Nghrist i godi dyn
  Uwch gwael rigolau'r llawr.

(Lewis Evans)

❖ ❖ ❖ ❖ ❖

12

Dienyddwyd y nyrs Edith Cavell gan yr Almaenwyr ym Mrwsel am helpu carcharorion i ddianc ar y dyddiad hwn ym 1915. Gwelir ei cherflun gerllaw Sgwâr Trefalgar, a'r arysgrif arno yw'r canlynol: "Dydy gwladgarwch ddim yn ddigon, rhaid i mi gael dim casineb na chwerwedd at neb."

❖ ❖ ❖ ❖ ❖

13

Dyfarnwyd Gwobr Heddwch Nobel 1964 i Martin Luther King.Gweinidog efo'r Bedyddwyr oedd y Parch Martin Luther King a hynny yn Ne'r Unol Daleithiau. Bu ei daid yn gaethwas. Er eu bod nhw'n rhydd o gaethwasiaeth roedd amryw o'r Negroaid ofn pleidleisio a cheisio gwella eu ffordd o fyw.

Roedd yn rhaid iddynt eistedd yng nghefn bysiau ac ildio eu sêt os oedd person gwyn eisiau eistedd i lawr. Llwyddodd Martin Luther King i adfer parch y bobl ddu yn America ac fe anogodd hwy i bleidleisio er mwyn gwella yr amodau byw tlawd yr oeddent yn byw yn ei ganol.

Arweiniodd ef orymdaith i Washington "Ymyrch y Bobl Dlawd", ac yno y gwnaeth yr araith sy'n cael ei chofio drwy'r byd "MAE GEN I FREUDDWYD" ym Mis Awst 1963

"Er ein bod y wynebu anawsterau
heddiw ac yfory
mae'r freuddwyd yn parhau.
Mae'n freuddwyd wedi'i gwreiddio'n ddwfn
yn y freuddwyd Americanaidd....
fod pob dyn yn gyfartal."

Aeth pob dimai o'r wobr £10,000 a gafodd fel enillydd Gwobr Heddwch Nobel ym 1964 i gronfa mudiad a ymgyrchai dros hawliau sifil y Negro.Erlidiwyd llawer arno a'i ddilynwyr ac fe wyddai fod ei fywyd mewn perygl. Ym mis Ebrill 1968 roedd Martin Luther King wedi mynd i Memphis ar gais casglwyr sbwriel y ddinas a fu ar streic am fod y cyflogau a delid iddynt mor isel. Cyhoeddodd ei fod wedi bod ar gopa'r mynydd ac wedi gweld bod gwireddu ei freuddwyd ddim ymhell :

"Heno rwyf yn hapus - nid oes arnaf ofn yr un dyn."

Trannoeth fe'i saethwyd yn farw ger y gwesty lle'r oedd yn aros yn ystod ei ymweliad â Memphis. Ar ei garreg fedd, fe ddyfynnwyd geiriau o'r araith enwog honno yn Washington yn Awst 1963 :

"Rhydd o'r diwedd, rhydd o'r diwedd
Diolch i'r Duw Tragwyddol
O'r diwedd, rydw i'n rhydd."

❖ ❖ ❖ ❖ ❖

14

Mae ambell ddiwrnod yn gyforiog o ddigwyddiadau. Ym 1755 ganwyd Thomas Charles o'r Bala yn San Clêr. Ym 1913 cafwyd ffrwydrad yng nglofa Universal Senghennydd a laddodd 439 o ddynion a bechgyn yn nhrychineb glo waethaf Gwledydd Prydain.

Ym 1940 ganwyd y canwr Cliff Richard. Yn ddiweddar gwelwyd ef yn gwireddu breuddwyd gyda opera roc *"Heathcliff"* yn seiliedig ar gymeriad Emily Bronte. Mae Cliff drwy'i yrfa hir a disglair wedi tystio i rym ei Gristnogaeth, ac am hyn rhaid ei edmygu yn fawr. Gofynnodd rhywun iddo unwaith Pam dal i ganu ar ôl yr holl boblogrwydd ? Fe soniodd yn ei ateb am yr effaith a gafodd clywed y gân *"Miss You Nights"* arno gyntaf ac yntau'n groen gŵydd i gyd. "Dyna'r rheswm i fynd ymlaen. Y chwilio tragwyddol am groen gŵydd."

❖ ❖ ❖ ❖ ❖

15

Gŵr a ddaeth yn arwr anfodlon ar ôl Band Aid oedd Bob Geldof. Mae llun bendigedig mewn llyfr gen i o Bob ynghanol ffoaduriaid o Chad yng Nghorllewin Sudan. Mae ei ddwylo ar ben un o'r bychain du o'i amgylch, a daioni anhygoel yn serennu o'i wyneb. Mae ffotograff Frank Herrmann wedi dal rhywbeth arbennig iawn ynddo. Wedi darllen, deallwn fod Bob yn ceisio osgoi delwedd o'r fath, mae'n teimlo'n anghyffyrddus gydag o. Arwr anfodlon.

❖ ❖ ❖ ❖ ❖

16

Dydd geni Oscar Wilde yn Iwerddon ym 1854. Roedd Oscar Wilde yn ŵr hynod ffraeth :
"Dw i wastad wedi bod eisiau byw fy mywyd fel darn o gelfyddyd. Dwi'n meddwl mai Trasiedi Groegaidd ydy o."

"Mi fuaswn i wrth fy modd yn dal i sgwennu, ond ddim dal i fyw bywyd. Ond dydy hynny ddim yn hawdd iawn i'w drefnu."

"Dwi'n ddyn efo dyfodol disglair y tu cefn i mi."

"Cofiwch wirioni efo chi eich hun - mae'n llawer llai o drafferth."

a'r gorau i mi gan gyfeirio at elyn iddo :
"Sut fedra i ymarfer maddeuant fel Crist pan mae na shits fel fo o gwmpas ?" Deud hi fel y mae!

❖ ❖ ❖ ❖ ❖

17

Ym 1584 merthyrwyd Richard Gwyn am ei ddaliadau Catholig yn Wrecsam. Ceir hanes am ddod â Gwyn o garchar y dref Y Siambr Ddu (ger Burtons heddiw) a gorfodi iddo wrando ar bregethu yn ei gyffion yn Eglwys y Plwyf. Y cyfan a wnaeth gydol y bregeth oedd ysgwyd ei gadwynau.

❖ ❖ ❖ ❖ ❖

18

Ym 1997 teledwyd am y tro cyntaf ddrama Arthur Miller "Broken Glass." Hoffais yr hyn ddywedodd Robert Mc Crum y beirniad teledu am y darllediad : "Mae'r ddrama yn dangos yr hyn y gellir ei wneud efo adnoddau cyfyngedig, sgript o'r radd flaenaf, actorion arbennig a chyfarwyddo sensitif a deallus.... mae hyn yn dangos yr hyn sy'n gallu cael ei gyflawni pan mae bobl dda yn cael cyfle." Geiriau o ysbrydoliaeth i ni gyd. Rydym oll yn ein hamrywiol ffyrdd yn aros am ein cyfle i gyfrannu.

❖ ❖ ❖ ❖ ❖

19

Ym 1982 bu farw Iorweth Peate, curadur cyntaf Amgueddfa Werin Cymru, Sain Ffagan. Cofiaf ddysgu ei delynegion swynol yn yr ysgol yn arbennig y gerdd "Bro Ddyfi." Diolch i arloeswr fel hyn oedd â gweledigaeth i greu amgueddfa fyw. Wrth gamu i mewn i'r adeiladau megis y Talwrn Ymladd Ceiliogod o'r Hawk and Buckle Dinbych, Stiwt Glowyr Oakdale, Gwent, Tai Rhyd-y-Car Merthyr, Siop Gwalia a Chapel Pen-Rhiw, daw hanes yn fyw, ac mae arogleuon personol hyd yn oed i'r adeiladau. Cofiwn am eiriau Iorweth Peate yng Ngharol y Crefftwr :

"Minnau a ganaf gyda chwi
i'r Iddew gynt a'm carodd i ;
caned y crefftwyr oll i Dduw
am Iesu a droes bob marw yn fyw."

❖ ❖ ❖ ❖ ❖

20

Darllenais yn drawiadol iawn ar boster - "Os yw Duw ymhell i ffwrdd, pwy sydd wedi symud ?" Fe atgoffodd hyn fi o eiriau Syr Christopher Wren a anwyd ar y dydd hwn ym 1632. Ar ei fedd yntau yng Nghadeirlan Sant Paul ceir y geiriau :
"Os ydych yn chwilio am gofeb iddo - edrychwch o'ch cwmpas."

❖ ❖ ❖ ❖ ❖

21

Ym 1966 cafwyd trychineb erchyll Aberfan pan laddwyd 116 o blant Ysgol Pant Glas a 28 o oedolion, pan ddaeth y domen lo i lawr a gorchuddio'r ysgol. Soniodd Pennar Davies :

"Mae'r hiraeth amdanoch
fel cof yr afiach am iechyd,
fel sŵn wylo mewn afon,
fel adfail haf
yn nail yr hydref."

A hoffaf gerdd fer Rhydwen Williams
"Piau'r fynwent yn Aberfan ?
Dyfed, Sioned ac Ann.

Piau'r maen ar y mynydd ?
Euros, Llinos a Lludd.

Piau'r siom a phiau'r saeth ?
Cenedl a chenhedlaeth."

Ym 1996 roedd yn 30 o flynyddoedd ers y digwyddiad erchyll, ac fe soniodd Prifathro yr ysgol gynradd yn wych am alar fythol agored y teuluoedd. Roedd fel y llwch ar waelod yr afon yn cael ei ail-gorddi yn barhaus.

❖ ❖ ❖ ❖ ❖

22

Yn y calendr eglwysig daeth Wythnos Un Byd heibio eto, ac fe gofiaf weddi a ddarllenwyd mewn gwasanaeth eciwmenaidd yn

Wrecsam dan y thema "Byw ar y Dibyn"

Duw Mawr y cariad
clodforwn ac addolwn di
fel y Duw sy'n croesawu i dy deulu
bob math o berson
hyd yn oed os nad ydym ni yn eu croesawu.
Diolchwn ei fod yn dyrchafu a pharchu pob un o dy blant
hyd yn oed os na fedrwn ni weld y tu hwnt i'n rhagfarn
a'n hofn
at eu gwir werth.
Dduw Mawr Bywyd
diolchwn dy fod ti drwy Iesu
wedi dangos cariad sy'n cyrraedd cyrion bywyd
ac sy'n croesawu yno
y gwrthodedig, y dieithryn, a'r un a gollodd ei ffordd
- pob un rydym yn eu gwrthod ac amodi ein cysylltiad â hwy-
diolch dy fod ti yn cynnig lle iddynt ynghanol
y deyrnas.
Dduw mawr y Golau
diolchwn fod d'Ysbryd yn hebryngwr goleuni,
gwraidd y gwir,
a gyda ei belydrau
mae llygaid y deillion yn agor,
tywyllwch anwybodaeth yn cael ei wasgaru
a gwawr dy fyd newydd di yn cael ei ddatguddio.
Ein Duw,
cynigiwn i ti
ein profiadau o fyw ar y dibyn,
ein hofn o syrthio dros ymyl y dibyn,
a'n dymuniad i ddod â'r cyrion i'r canol.
Gofynnwn i ti am
ddewrder i wynebu ansefydlogrwydd y dibyn
a'r gras i fachu cyfleoedd yma.

Amen.

❖ ❖ ❖ ❖ ❖

23

Cafodd Ken Saro-Wiwa, y llenor o Nigeria ei garcharu ar siars o lofruddio. Ar ei benblwydd yn 54 oed yn Hydref 1996, fe gafodd ei enwebu ar gyfer Gwobr Heddwch Nobel y flwyddyn honno gan Gymuned Bobl Heddwch dinas Belffast. Ym 1905 ar y dyddiad hwn daeth Caerdydd yn ddinas. Tybed sut genedl ydym ninnau - naturiol neu annaturiol ?

I KEN SARO - WIWA.
Addasiad o gerdd Ben Okri.

"Mae ei garchariad
a'i arteithio
am iddo garu'r pridd,
y Ddaear
ac am godi llais yn erbyn
ei difwyno,
yn arswydus o anaddas.
Rydym yn byw mewn amserau annaturiol ;
a rhaid i ni eu gwneud
yn naturiol eto
gyda'n wylofain.

Oherwydd mae amserau annaturiol hefyd yn dod
yn naturiol drwy draddodiad
a thrwy ddweud dim.
Dyna pam heddiw fod y gwledydd
yn llawn anghyfiawnder
celwyddau
a rhagfarn
a wnaed yn naturiol.

Mae'r ddaear yn haeddu ein cariad.
Dim ond yr annaturiol
all fyw'n dawel
tra'u bod hwy yn gwenwyno ein tiroedd.
Treisio'r ddaear er elw
a'i gwaedu am olew
heb hyd yn oed geisio
gwella'r briwiau.

Dim ond yr annaturiol
sy'n caethiwo rheiny â'u cariad yn ddewr
y rhai sy'n wylo am boen y ddaear.
Llawforynion ei dial distaw,
yn rhagweld ei chynddaredd yn y dyfodol.

Dim ond yr annaturiol
heddiw sy'n rheoli ein gwledydd
Mor fyddar i wylofain
ein awyr, ein newynog
ein clefydau newydd dyrus.
A'n daear sy'n marw
Yn gwaedu, wedi ei chlwyfo,
yn meithrin anialwch yn unig
lle unwaith y cafwyd
coed balch Affrica
fu'n golchi eu gwallt trwchus
yng ngwyntoedd llachar y nef.

Am iddo gael ei garcharu
am garu'r ddaear
a'i boenydio
am gysgodi ei bobl
a gweiddi'n uchel
fel hen griwyr y trefi
am fod y ddaear yn cael ei difwyno,
mae hyn yn anghenfilaidd o anaddas.
A rydym ninnau'n byw mewn amserau annaturiol
A rhaid i ninnau wneud pethau
yn naturiol eto
efo'n canu
a'n dicter doeth."

❖ ❖ ❖ ❖ ❖

24

Ar Ddiwrnod y Cenhedloedd Unedig (ers 1946) - Diolchwn am y cyffredin bethau oesol hynny ymhob gwlad a lle sy'n clymu ni oll at ein gilydd. Ein agosatrwydd, ein dawn i fod yn gwbl agored â'n gilydd, ein cynhesrwydd a'n cymeriadau naturiol. Diogela ni rhag unrhyw garfanau sy'n creu rhwygiadau yn unoliaeth ffabric ein dynoliaeth.

Par i'n traed fod ar y ddaear, ac i'n Cariad am y naill a'r llall ddileu yr haenau a'r dosbarthiad y mae'r byd breintiedig yn ei bwyso ar ein brodyr a'n chwiorydd. Diolch am gyffredin bethau bywyd sy'n rhychwantu pob dysg a dawn, cefndir a chymdeithas. Yr hanfodol sylfaenol bethau.

❖ ❖ ❖ ❖ ❖

25

Bu farw Geoffrey Chaucer, y storiwr o fri, a thad barddoniaeth Saesneg ar y dyddiad hwn ym 1400. Cofiaf gael gwefr o ddarllen am yr oriel oesol o gymeriadau a aeth ar bererindod o'r Tabbard Inn i Gaergaint. Yn parhau yn hynod liwgar yn y cof mae'r Lleian oedd yn fwy bydol na'r rhelyw efallai, a'r enwog Wraig o Gaerfaddon. Ym mhortread Chaucer cawn ddarlun ar gyfer pob oes o fel y mae'r ysbrydol a'r cnawdol yn cyd-gymysgu ynom i'n gwneud "yn wych yn wael ac yn gymysg oll i gyd" chwedl R Williams Parry. Daw y Wraig o Gaerfaddon yn fyw yn nhrosiad Bryan Martin Davies :

"Roedd gwraig o dre Caerfaddon gennym hefyd,
Roedd braidd yn drwm ei chlyw, ond roedd yn hyfryd.
Am wneuthur brethyn roedd yn hynod fedrus,
Gwell na thrigolion Ypres a Ghent yn Fflandrys....
O liain main y benwisg wisgai hi,
Mor drwm â degpwys ydoedd, ddwedwn i,
Yr un a wisgai ar y Sul, a sanau
O sgarlad coch oedd am ei choesau....
A thrwy ei bywyd pobun a'i hedmygodd.
Pum gŵr at Borth yr Eglwys hi a dynnodd.
Heblaw, pan oedd yn ifanc, am arall gwmni,
(Ond afraid nawr hel straeon drwg amdani).
Deirgwaith i Gaersalem y bu ar daith,
Gan groesi llawer afon ddieithr faith."

❖ ❖ ❖ ❖ ❖

26

Pan ddywedodd rhywun fu'n helpu yr ymgyrch yn erbyn apartheid bod ei hymdrechion ddim ond fel "dafn yn y môr", ymateb Desmund Tutu oedd mai'r dafnau sy'n creu môr.

❖ ❖ ❖ ❖ ❖

27

Ym 1914 y ganwyd Dylan Thomas yn Abertawe. Er colli yr athrylith hwn yn llawer rhy ifanc ac ar dir estron, cofiwn am ei gyfraniad aruthrol. Cofiwn am ei eiriau am ieuengoed yn Fern Hill:

"Now as I was young and easy under the apple boughs
About the lilting house and happy as the grass was green,
The night above the dingle starry,
Time let me hail and climb
Golden in the heydays of his eyes,
And honoured among wagons I was prince of the apple towns"

❖ ❖ ❖ ❖ ❖

28

Ar y dydd hwn ym 1886 dadorchuddiwyd Cerflun Rhyddid Efrog Newydd. Flwyddyn yn ddiweddarach ym 1887 cofnodwyd yn y *"Seattle Sunday Star"* weledigaeth arweinydd yr Indiaid brodorol yno - Chief Seattle. Fe'i cofnodwyd mor gynnar â 1854 gan Dr Henry Smith o dan y teitl "Sut gall rhywun werthu'r awyr ?"

LLYTHYR CHIEF SEATTLE AT ARLYWYDD YR UNOL DALEITHIAU.

"Mae'r Pennaeth mawr yn Washington wedi gyrru gair i ddweud fod o'n dymuno prynu ein tiroedd. Mae'r Pennaeth mawr hefyd yn anfon geiriau o gyfeillgarwch ac ewyllus da. Mae hyn yn garedig ohono, gan y gwyddwn mai ychydig o angen sydd ganddo am ein cyfeillgarwch ninnau yn gyfnewid. Ond mi wnawn ni ystyried eich cynnig, gan y gwyddwn os na wnawn y gallai'r dyn gwyn ddod efo gynnau a dwyn ein tir. Medr y Pennaeth mawr yn Washington ddibynnu ar eiriau Chief Seattle yn union fel y mae ein brodyr gwynion yn dibynnu ar ddychweliad y tymhorau. Mae fy ngeiriau fel y sêr - dydyn nhw ddim yn machlud.

Sut fedrwch chi brynu neu werthu yr awyr - cynhesrwydd y tir ? Mae'r syniad yn estron i ni. Os nad ydym berchen ffresni'r awel neu sgleinio'r môr, sut y medrwch eu prynu gennym ? Fe benderfynwn ni yn ein hamser ein hunain. Mae pob rhan o'r ddaear 'ma yn gysegredig i fy mhobl. Pob nodwydd pinwydd sy'n sgleinio, pob glan y môr tywodlyd, pob niwl yn y fforest ddu, pob darn o dir neu drychfil swnllyd yn gysegredig yng nghof a phrofiad fy mhobl.

Gwyddwn nad yw'r dyn gwyn yn deall ein ffyrdd. Mae un rhan o dir yr un fath â'r nesaf iddo ef, gan mai dieithryn yw yn dod yn y nos,ac yn cymryd o'r tir beth bynnag y mae ei angen. Dydy'r ddaear ddim yn frawd iddo, ond yn hytrach ei elyn, ac wedi iddo ei choncro, mae'n symud ymlaen. Mae'n gadael beddau ei dadau ar ôl ac yn hidio dim. Mae'n herwgipio'r ddaear rhag ei blant. Dio'n malio dim. Mae beddau ei gyndadau ac etifeddiaeth fraint ei blant yn cael eu hanghofio. Bydd ei chwant yn llyncu'r ddaear, gan adael dim ond anialwch. Mae cael cip ar eich dinasoedd yn brifo llygaid yr Indiad. Ond efallai mai oherwydd fod yr Indiad yn anwar ac heb ddeall.

Does unman tawel yn ninasoedd y dyn gwyn. Dim lle i glywed dail y Gwanwyn neu siffrwd adennydd rhyw bryfyn. Ond efallai fy mod i'n anwar ac heb ddeall ond mae'r sŵn yn unig yn sarhau y glust. A beth yw bywyd dyn os na all glywed cri hyfryd y chwiparwîl neu ddadlau y llyffantod o amgylch y pwll yn y nos ? Mae'n well gan yr Indiad sŵn addfwyn y gwynt yn chwythu dros wyneb y llyn, ac arogl y gwynt ei hun wedi ei lanhau gan law ganol dydd,neu gyda sawr y pîn arno. Mae'r aer yn werthfawr i'r Indiad, gan fod popeth yn rhannu'r un anadl - yr anifeiliaid, y coed a dyn. Dydy'r dyn gwyn rywsut ddim yn sylwi ar yr aer mae'n ei anadlu. Fel dyn yn marw'n araf, mae'n methu arogli ei ddrewdod ei hun.
.....Pan fydd yr Indiad olaf wedi diflannu oddi ar wyneb y ddaear, a'r atgof amdano fel cysgod cwmwl yn symud ar draws y paith, bydd y glannau a'r fforestydd hyn yn dal i ddal ysbryd fy mhobl, achos eu bod nhw yn caru'r ddaear fel mae'r newydd anedig yn caru curiad calon ei fam.

Os gwerthwn ni ein tir i chi, carwch ef fel yr ydym ni wedi ei garu. Gofalwch amdano fel yr ydym ni wedi gofalu amdano. Argraffwch ar eich cof yn union gyflwr y tir pan rydych yn ei feddiannu. A gyda'ch holl gryfder, a'ch medr a'ch holl galon gwarchodwch y tir i'ch plant, a'i garu fel mae Duw yn ein caru ni gyd. Un peth a wyddwn - mae ein Duw yr un Duw. Mae'r ddaear hon yn amhrisiadwy Iddo. Gall hyd yn oed y dyn gwyn ddim cael ei eithrio rhag y dynged gyffredin hon."

❖ ❖ ❖ ❖ ❖

29

Er Cof am Dylan Morris.
(Bu farw ar Hydref 29, 1996, newydd gael ei benblwydd yn ddeugain oed.)

"Ar ei ben-blwydd bob blwyddyn carai weld
Y dail crin yn disgyn
Ar fyd; un hydref, wedyn,
Deilen oedd Dylan ei hun."

❖ ❖ ❖ ❖ ❖

30

GWEDDI DDIOLCH

Diolch i Ti, O Dduw am agor drws i ni ar dy wirioneddau bob amser, hyd yn oed ar ôl cyfnod hir o fethu â medru canfod dy bresenoldeb. Diolch i Ti am wobrwyo ffydd ynot Ti, ac awydd dynoliaeth i ail-geisio dy fodlonrwydd. Diolch i Ti am ddangos unwaith eto fod i bob diwrnod ei rin arbennig i'w fwynhau un dydd ar y tro.

Diolch am dy esbonio a'th oleuo, a'r modd y gallwn godi'n uwch na ni ein hunain drwy dy wasanaethu a dangos dy Gariad i eraill, fel y cawsom ninnau ef yn rhodd.

Diolch am y fraint o gael caru ac adnabod ein gilydd a hynny yn ein hamrywiol prysur gylchoedd. A phan ddaw cwmwl du, diolch mai Ti sy'n datrus ein ffordd drwyddo. Bydd gyda dy blant dros y byd lle mae'r nos yn ddu, y cymylau yn gwrthod cilio a'r dagrau yn methu sychu.

AMEN

31

Diwrnod Cenedlaethol Hudoliaeth - ac mae digon o hwnnw o gwmpas, ond fe'i ddethlir yn fwyaf arbennig yn America i gofio marw Houdini ym 1926. Mae hi hefyd yn noson o draddodiadau Noson Calan Gaeaf.

Mae cerdd fer Mathonwy Hughes yn siarad drosti hi ei hun, ac yn addas ar gyfer yr adeg hon o'r flwyddyn :
Goleuni yn yr Hwyr.

Er mor anobeithiol yw cyflwr ein byd,
Cawn rywrai sy'n credu mewn helpu o hyd,

O ganol tywyllwch annynol ein hoes,
Daw rhywrai sy'n ysu am leddfu loes,

A thra bo'r rhai hyn yn y byd ar ôl,
Fe bery llygedyn o ffydd yn y gôl.

❖ ❖ ❖ ❖ ❖ ❖ ❖ ❖ ❖ ❖

1

"Er nad ydym yn llwyr gredu hyn eto, mae'r bywyd mewnol yn fywyd go iawn, ac mae breuddwydion annelwig pobl yn cyffwrdd â'r byd" Geiriau James Baldwin ar y dydd y ganwyd yr arlunydd Prydeinig L.S Lowry enwog am ei luniau o gymdeithas melinau Swydd Gaerhirfryn.

❖ ❖ ❖ ❖ ❖

2

Ym 1982 cychwynodd S4C a Channel 4 yn Lloegr. Ysgrifennodd Joseph P.Clancy gerdd ddychanol ar y pryd, ac mae pennill olaf y gerdd yn dal yn ddiddorol ac yn procio'n cydwybod ninnau:

"It just may be that what will save the language
Is children watching Sianel Pedwar Cymru
And growing up to be, on Smyrffs, Wil Cwac Cwac
Sêr and Arolwg and Here's Lucy,
Americymry."

❖ ❖ ❖ ❖ ❖

3

Dechreuodd y Loteri Cenedlaethol yn Nhachwedd 1994, ac yn ôl ymchwil ar wythnos arferol bydd 65% o oedolion Prydain yn cymryd rhan. Ar adeg o swm enfawr i'w ennill, a heip anhygoel y cyfnod 'rollover' bu i 90% brynu tocyn. Ar gyfartaledd, mae 112 o docynnau Loteri yn cael eu gwerthu bob eiliad o amgylch y wlad. Gwelais barodi doniol o'r hysbyseb gyda'r bys yn pwyntio *"It Could Be You"*. Roedd dau fys wedi eu codi yn y fersiwn hwn ac fe fedrwch ddychmygu yr awgrym *"It could not be you"*. Yr hyn sy'n fy mhryderu am y Loteri er i mi drio fo fy hun yn achlysurol iawn yw y gobaith ffug y mae'n ei gynnig i bobl heb fawr o bres o gwbl - bob penwythnos a phob Winsday bellach!

❖ ❖ ❖ ❖ ❖

4

Gyda Gaeaf bywyd yn nesau efallai fod pobl yn credu ei bod yn rhy hwyr i ddechrau barddoni. Ond fel rhan o gynllun dan nawdd Blwyddyn Ewropeaidd y person hŷn a chydweithio rhwng y cenedlaethau, gwnaed cynllun barddoniaeth yng Nghartre Henoed Rhiwlas y Fflint. Dangosodd y cynllun bod cymaint o dalent gan y bobl yno. Ella Rowlands oedd â cherdd *"Telling the Time in Liverpool"* a dotiais ati. Dyma addasiad i'r Gymraeg :

"Fedra i weld y cyfan rwan.

Mil o droedfeddi oducha'r môr
yn Nhreffynnon
rôn i'n byw ar ben y bryniau
yn Grange Farm.
Roedd ffrind yn ymweld yn gyson
dim ond er mwyn mwynhau yr olygfa.

Edrychem i lawr dros dywod y Ddyfrdwy
Ac ar ddiwrnod clir
Medrem weld ar draws y Ferswy
i Lerpwl
A hyd yn oed i Ynys Manaw.
Fe wyliwn i y llongau mawrion
yn llwybreiddio i fyny'r afon i'r porthladd.

Roedd dad wastad yn deud
ei fod o'n gweld cloc adeilad y Lleifiad,
a'i fod o'n medru dweud yr amser.
Ond dwn i ddim am hynny -
Dwi'n meddwl
efallai fod o wedi edrych
ar ei wats
gyntaf."

Atgofion braf o Wanwyn oes, a'r lliwiau yr un mor llachar yn nhymor yr Hydref.

❖ ❖ ❖ ❖ ❖

5

Dydd lliwgar Guto Ffowc, yn dathlu darganfod y Cynllwyn ffrwydron yn erbyn Tŷ'r Cyffredin ym 1605. Ond hefyd i oleuo gaeaf daw geiriau Albert Camus : "Ynghanol gaeaf, dysgais yn derfynol fod yna Haf annileadwy oddi mewn i mi."

❖ ❖ ❖ ❖ ❖

6

Clywais am weinidog yn chwerthin ar gais ei blentyn am C.D o'r Manic Street Preachers. "Fuasech chi'n meddwl ei fod o wedi cael llond bol ar manic preachers !" Ar gefn eu cryno disg *"The Holy Bible"* mae yna ddyfyniad o *"The Torture Garden"* gan Octave Mirbeau:

"Mae disgwyl i ni smalio parch tuag at bobl a sefydliadau y credwn sy'n hurt mewn gwirionedd. Rydym yn byw yn gysylltiedig mewn ffordd llwfr i gonfensiynau moesol a chymdeithasol rydym yn eu casau a'u condemnio gan wybod bod diffyg sail llwyr iddynt. Y gwrthdynnu cyson hwn rhwng ein syniadau a'n dymuniadau, a holl ffurfioldeb marw a smalio ofer ein gwareiddiad , sy'n ein gwneud yn drist, yn boenus ac â diffyg cydbwysedd. Yn y gwrthdaro anioddefol hwn rydym yn colli holl wefr bywyd, yr holl deimlad o bersonoliaeth, oherwydd yn gyson mae'r pethau hyn yn boddi, caethiwo a rhwystro i'ch nerthoedd chwarae'n rhydd. Dyna glwy gwenwynig a marwol y byd gwar."

Does dim yn "Manic" am y pregethwyr hyn mewn gwirionedd!

❖ ❖ ❖ ❖ ❖

7

"Mae Cyfle yn gwobrwyo'r meddwl parod." Louis Pasteur.

❖ ❖ ❖ ❖ ❖

8

Ym 1941 yn y Rhyl fe anwyd yr actores Nerys Hughes. Dros y blynyddoedd chwareuodd nifer o rannau pwysig oedd yn darlunio Cymru i'r Byd. Heb anghofio'r chwerthin a fu arni hi a Polly James fel y "Liver Birds" gwreiddiol. Diolchwn am actorion sydd wastad yn barod i arddel eu gwlad genedigol.

❖ ❖ ❖ ❖ ❖

9

Ym 1953 bu farw Dylan Thomas yn Efrog Newydd. Y gŵr a ddywedodd yn nerthol *"And Death shall have no dominion"* ac a'n hanogodd

"Do not go gentle into that good night
Old age should burn and rave at close of day ;
Rage, rage against the dying of the light."

Yng nghyfnod y Cofio fe hoffwn ddwyn i gof ddau ddarn sy'n cael eu defnyddio yn helaeth yr adeg hon o'r flwyddyn, ond eto sy'n gysur i lawer o bobl. Dyma fy addasiad ohonynt:

"Thyfan nhw ddim yn hen,
fel y byddwn ninnau sydd ar ôl yn tyfu'n hen.

Ni fydd oedran yn eu blino,
na'r blynyddoedd yn pwyso arnynt.

Wrth i'r haul fachludo, ac yn y bore,
byddwn yn cofio amdanynt."

Hefyd y darn bytholwyrdd hwn :

"Paid â sefyll wrth fy medd yn wylo
Dydw i ddim yno. Nid wyf yn huno.
Fi yw'r gwyntoedd fil a chwytha
A'r sgleinio diamwnt ar yr eira.
Fi yw yr haul ar gynhaeaf parod
A'r hydrefol dyner gawod.

Pan y codi yn hedd y wawr,
Fi yw'r cyflym gynnwrf mawr
o adar distaw a hedant uwch y rhos,
Fi yw'r sêr addfwyn a sgleiniant drwy'r nos.

Paid sefyll ger fy medd â'th ddagrau
Dydw i ddim yno, ni'm trechwyd gan angau.

❖ ❖ ❖ ❖ ❖

10

"Rho galon Crist i ni wrth wely'r claf,
I weini yn ei aeaf wenau haf,
A phrofi o dan faich sy'n drwm i ni
Cymdeithas dioddefiadau Calfari
O cuddia ni er mwyn dy ddangos Di
Y dyn dros eraill yw ein harglwydd ni."

(Noel Gibbard)

❖ ❖ ❖ ❖ ❖

11

Adeiladwyd y Cenotaph enwog yn Llundain rhwng dwy ryfel byd ym 1920. Ar ddydd y cofio 1987 ffrwydrodd bom gan yr IRA gerllaw cofeb Enniskillen yng Ngogledd Iwerddon gan ladd y nyrs ifanc siriol, Marie Wilson. Cafwyd geiriau rhyfeddol gan ei thad o Brotestant - y diweddar Gordon Wilson - a cefais y fraint o'i glywed yn siarad yng Nghapel Bethesda'r Wyddgrug.

"Dw i ddim yn dal dig .... dydy siarad brwnt ddim yn mynd i ddod â Marie yn ôl. Peidiwch â gofyn i mi, os gwelwch yn dda am reswm. Does gen i ddim rheswm. Does gen i ddim ateb. Ond dwi'n gwybod fod yn rhaid fod yna gynllun ... Mae'n rhan o gynllun mwy, ac mae Duw yn dda. Ac fe gawn ni gyfarfod eto."

Hefyd crynhoir llawer yn englyn Gerallt Lloyd Owen "Ymson Mam 1914 - 1918.

Er mai enwau yw'r meini diwyneb,
Dim ond enwau'n rhesi,
Un bedd yw'r miliwn beddi,
Ymhob un mae fy mab i."

❖ ❖ ❖ ❖ ❖

12

Dyma addasiad o eiriau y Pâb John Paul yr ail a'm hysbrydolodd:

"I Ti , Greawdwr natur a dynoliaeth, y gwir a harddwch, gweddiaf:

Clyw fy llais, gan mai llais holl ddioddefwyr rhyfel a thrais rhwng unigolion a chenhedloedd ydyw;

Clyw fy llais, achos llais yr holl blant sydd yn dioddef ydyw, ac a fydd yn dioddef tra bo dyn a'i hyder mewn arfau rhyfel.

Clyw fy llais pan yr erfyniaf arnat i roddi yng nghalonnau dynion ddoethineb heddwch, cryfder cyfiawnder, a hapusrwydd brawdgarwch.

Clyw fy llais gan y siaradaf dros laweroedd ymhob gwlad ac ymhob cyfnod o hanes nad oeddent eisiau rhyfel, a'r rhai sydd yn barod i gerdded ffordd heddwch.

Clyw fy llais a rho arweiniad a nerth i mi fel y gallaf wastad ymateb i gasineb gyda chariad, i anghyfiawnder gyda chysegriad llwyr dros iawnderau, ac i angen gyda rhannu ein hunan, i ryfel drwy heddwch.

O Dduw, clyw fy llais, a rho i'r byd dy heddwch tragwyddol.

Amen.

❖ ❖ ❖ ❖ ❖

13

"Faint rhaid i filwr i goncro a lladd
cyn llwyddo, a chyrraedd ei fedd ?
Faint o ffurflenni addewid sydd raid
cyn gweled y rhwd ar y cledd ?
Faint rhaid i ddyn edrych lan tua'r nen
cyn caffael ei nefoedd a'i hedd ?
Mae'r ateb, fy ffrind, i'w glywed yn y gwynt,
Mae'r ateb i'w glywed yn y gwynt."

(Addasiad o eiriau Bob Dylan)

❖ ❖ ❖ ❖ ❖

14

Ganwyd Claude Monet yr arlunydd Argraffiadol ym 1840. Llewyrchodd y math hwn o arlunio o tua 1848 - 1914, ac fe gartrefir llawer o'r gwaith yn y Musee d'Orsay - gorsaf reilffordd a drawsnewidwyd ar lannau'r Seine ym Mharis. Cofiwn am liwiau tyner a thawelwch darluniau fel y Lili Ddŵr, sy'n dal i gyfathrebu heddwch a thiriondeb i ni.

❖ ❖ ❖ ❖ ❖

15

Gordon Wilson yn sôn am Ogledd Iwerddon : "Bydd cymaint o boen yn y broses o greu heddwch ac yr oedd yn y broses o ryfela, ond o leiaf bydd yn rym cadarnhaol yn lle negyddol."

❖ ❖ ❖ ❖ ❖

16

Dyma ran o fyfyrdod y Brawd Rhosier o Taize :
"Grist Iesu,
Rydym oll yn dyheu
am dy bresenoldeb di.
Felly, er mwyn dirnad
dymuniad dy gariad di,
a dim arall,
ceisiwn mewn distawrwydd
a thangnefedd calon,
ein rhoi ein hunain i ti
ym mhob symylrwydd."

(o Gylchgrawn CRISTION)

❖ ❖ ❖ ❖ ❖

17

Cofiwn am Auguste Rodin y cerflunydd Ffrengig sy'n enwog am y Gusan, y Meddyliwr a'i bortread o amrywiol Ddwylo, gan gynnwys Dwylo Duw. Mae ei Amgueddfa ynghanol Paris gerllaw yr Invalides yn llecyn arbennig iawn - noddfa o brysurdeb y ddinas - cyfle i weld llawer o'i gerfluniau ac i weld hen ffilm ddu a gwyn ohono yn naddu'r marmor.Bu farw yn 1917, ond mae'r amgueddfa ym milltir sgwâr y cefluniwr. Bu enw da Rodin yn foddion i rywstro'r plasdy rhag cael ei ddymchwel a gweddus felly fod ei amgueddfa yno. Roedd Rodin yn meddu ar y grefft anhygoel honno o wneud i'r maen siarad a chyfathrebu â ni - dyn yn ei wewyr, ei freuder, ond hefyd ei ogoniant.

❖ ❖ ❖ ❖ ❖

18

"Rhaid i'r gwan ddal y gannwyll
I'r dewr gael gwneuthur ei dwyll."

❖ ❖ ❖ ❖ ❖

19

Dydy darlun Shakespeare o dymor y Gaeaf ddim mor garedig â hynny:

"Y brawd sliperog, tenau, hurt, a'i sbectol
Ar bont ei drwyn .....O'r diwedd daw
Act ola'r hynt helbulus, ryfedd hon,
Sef ail blentyndod ac anghofrwydd llwyr,
heb ddant, heb flas, heb lygad, heb ddim byd."
(Trosiad J.T.Jones)

❖ ❖ ❖ ❖ ❖

20

Ym 1588 cyflwynodd yr Esgob William Morgan gopi o'i gyfieithiad o'r Beibl i'r Gymraeg i Lyfrgell Abaty Westminster, San Steffan. Rhyfeddwn at y gamp hon o gyfieithu'r Beibl cyflawn. Dyma englyn Einion Evans i'r Beibl :

"Duw o'i arfaeth ddi-derfyn - yn ei roi
I ryw wael gredadun.

Tragwyddol gyfnodolyn
O wasg Duw i ddysgu dyn."

21

Dyna werthfawr wedi i rywun farw a'n gadael ni yn eu ffurf daearol, ydy cael tâp neu fideo ohonynt yn eu dangos hwy fel yr oeddynt. Waeth beth fo'r ansawdd, mae'n rhyw fath o afael ar yr hyn a fu. Gerallt Lloyd Owen a ysgrifennodd englyn arbennig iawn i Lais fy nhad ar dâp :

"Llais nad yw yw'r llais sy'n dod - i rannu
Rhyw ennyd ddiddarfod,
Ennyd o'n byw nad yw'n bod
Yn dadweindio mudandod."

❖ ❖ ❖ ❖ ❖

22

Weithiau mae ffilmiau bach cartref (neu bellach dapiau camcorder) yn troi'n ddogfennau o bwys. Ar y dydd hwn ym 1963 y llofruddiwyd Arlywydd America John F Kennedy. Mae'r cofnod amatur, herciog o'r digwyddiad wedi bod yn destun ymchwil a chwilfrydedd ers y dydd hwnnw.

❖ ❖ ❖ ❖ ❖

23

Ar y dyddiad hwn ym 1266 y cysegrwyd Cadeirlan Llandaf am y tro cyntaf. Mewn cyfnod diweddarach fe ddinistriwyd yr Eglwys bron yn llwyr ym 1941. Gwelwyd adeiladu y Crist Dyrchafedig o waith Epstein. Mae'n gorffwys ar fwa concrit pum troedfedd ar hugain o'r llawr. Mae'r Crist ei hun o ddefnydd Alwminiwm. Mae'n gelfyddyd fodern ar ei dyneraf ac mae'n cael argraff uniongyrchol arnoch wrth i chi droedio i mewn i'r Gadeirlan. Y Crist Aruchel.

❖ ❖ ❖ ❖ ❖

24

Rhwng Bermo a Thalybont y ceir hen furddyn Capel Egryn sydd yn cael ei drawsnewid yn dŷ bellach. Bu'r capel bach rhyfeddol hwn yn dyst i gyffroadau mawr ym 1904. I'r fan hyn y tyrrodd newyddiadurwyr Stryd y Fflyd i gael gweld Goleuadau Egryn a oedd yn ymddangos yr un amser â gweddiau Mari Jones. Pan âi Mari Jones i fan arall yng Nghymru i weddïo byddai'r goleuadau yn ei dilyn. Clywyd pennill ar lafar yn y cyfnod:

"Mary had a little light
It always used to glow,
And everywhere that Mary went
The light was sure to go."

❖ ❖ ❖ ❖ ❖

25

Bu farw Isaac Watts ar y dyddiad hwn ym 1748. Rwyn gwirioni ar glywed Côr Meibion megis Côr Meibion Rhos yn cyflwyno ei emyn bytholwyrdd "Pan Syllaf ar yr arw groes" neu "When I survey The wondrous Cross". Cofiwn am ddechrau a phenllanw yr emyn enwog yn ei ffurf gwreiddiol :

"When I survey the wondrous cross,
On which the Prince of glory died,
My richest gain I count but loss,
And pour contempt on all my pride.

Were the whole realm of nature mine,
That were a present far too small ;
Love so amazing, so divine,
Demands my soul, my life, my all."

❖ ❖ ❖ ❖ ❖

26

"Dychwel dyn derfyn ei daith
Yn ôl yn blentyn bach."

27

Mae Rhydwen Williams yn cofio'n annwyl iawn am y Gweinidog - y Parchedig Harri Williams, Rhigos a Hirwaun :

"Roedd ganddo'r syniad rhyfedda am ddynion -
fe gredech yn siwr ei fod yn breuddwydio
wrth wrando arno'n eu brolio,
dim ond bod yr hen lygaid bach ar agor
fel ffenestri'n anwesu'r wawr.
Fe'u gwelai nhw wedi eu puro fel aur coeth,
y twyllodrus a'r cecrus a'r cranc,
ac yn disgleirio o rinwedd
mor brydferth â'r enfys
a bontiai Rhigos a Hirwaun ar dro ;
yno'n glir heb fod yno o gwbl."

O! na chaem ninnau yr un gallu bob amser.

❖ ❖ ❖ ❖ ❖

28

"Weithiau bydd y fflam yn llosgi'n isel yn y lamp,
Weithiau bydd fy nghalon innau'n drom,
Weithiau bydd y dagrau'n mynnu llifo'n rhydd
Wrth weld dim ond y noeth amlinell lom.

Mae'r Gaeaf oer yn cau amdanaf heno,
mae'r gwynt yn gwneud lluwchfeydd o'r eira gwyn,
Ond fe ddaw'r heulwen eto fory i doddi'r amdo hwn
A chaf weld daear las fy mro drachefn."

(Dafydd Iwan)

❖ ❖ ❖ ❖ ❖

29

Mae yna duedd i un flwyddyn hedfan i'r llall a ninnau yn hedfan gyda hwy yn lle cymryd amser ac egwyl i gymryd stoc. Penderfynais y Nadolig diwethaf fy mod am fynd i weld rhai pethau yr oeddwn wedi tueddu i wfftio atynt. Roedd Clwb Drama 20 Llangollen yn llwyfanu "Christmas Carol" Charles Dickens a dyna benderfynu mynd ar sbec ar y noson olaf yn ddi-docyn. Er y bu'n rhaid disgwyl i ambell docyn ddod yn ôl, fe ddaeth rhai.

Y tu mewn cawsom wledd yn gweld gwirioneddau mewn hen glasur, ac roedd pawb yn derbyn rhywbeth ar wahanol lefel, a'r plant oedd yno efo'u teuluoedd yn mwynhau cael meddwl fod y Nadolig wedi cyrraedd yn barod. Roedd Charles Dickens yn gobeithio y byddai neges Christmas Carol a thrawsnewidiad Scrooge yn "swyno eu cartrefi yn swynol", ac ni fynnai dramgwyddo unrhyw un. Roedd negeseuon yno, a chymdeithas, a phaned amser egwyl, a phobl yn adnabod actorion ar y llwyfan - y cyfan fel petai wedi ei rewi mewn rhyfeddod. A'r cyfan am i mi fynd yn ddisgwylgar yn lle yn sinigaidd.

❖ ❖ ❖ ❖ ❖

30

Ar Ŵyl Sant Andreas yn yr Alban dyma Fendith Geltaidd gysurlon, dawel :

"Boed Tangnefedd y dyfnder mawr i chi
Boed Tangnefedd y sêr uwchben
Boed Tangnefedd yr awel fwyn i chi
Boed tangnefedd y ddaear hen.
Boed hedd yn dy enaid di
Gad i hedd lanw'th fywyd di."

❖ ❖ ❖ ❖ ❖ ❖ ❖ ❖ ❖ ❖

1

Dyma ddechrau'r Adfent, ac ar y diwrnod hwn ym 1784 y ganwyd Mari Jones a gerddodd i'r Bala ar gyfer ei Beibl.

Diwrnod AIDS Byd Eang. Y Rhuban Coch yw sumbol rhyngwladol ymwybyddiaeth HIV ac AIDS sy'n uno unigolion, sefydliadau a rhaglenni ymwybyddiaeth presennol ar draws y byd. Mae'n sumbol o ymwybyddiaeth, undod, parch ac urddas at ddynoliaeth. Fe'i gwisgir hefyd er cof ac yn gefnogaeth i'r frwydr i addysgu'r cyhoedd yn gyffredinol am yr haint. Mae'n arwydd o obaith i'r dyfodol.

Cyn i bobl farnu, a chodi cerrig i'w taflu dyma eiriau doeth George Michael : "Er bod fy rhywioldeb heb fod yn hollol glir i mi bob amser, nid cwestiwn moesol oedd o. Dw i rioed wedi ystyried fy rhywioldeb yn gywir neu anghywir. I mi, mae wastad yn fater o ddod o hyd i'r person iawn."

❖ ❖ ❖ ❖ ❖

2

Profiad rhyfedd yw ymuno â bwrlwm siopa Nadolig mewn canolfan boblog. Ar y naill law mae'n hwyl ac yn gwneud i ni anghofio am bethau dwys bywyd am ychydig, ac ar y llaw arall rydym yn ymwybodol iawn o holl heip masnachol y Nadolig. Mewn Siop Lyfrau Gristnogol yn Lerpwl gwelais fod bargen ar lyfr *"Christmas Star"*, ac ar ddechrau cyfnod yr Adfent roedd y fargen hon yn fy nharo'n chwithig. Y fargen orau a gafodd y byd erioed yn cael ei dibrisio rywsut.

Ond ar ddechrau cyfnod yr Adfent cofiwn mai ar y dyddiad hwn ym 1697 yr agorwyd Abaty Sant Paul o waith Christopher Wren. Ynddo bellach mae darlun o Grist yn curo ar y drws yn cynnig goleuni i'r byd. Cofiwn fod y cyfnod hwn gyda ni unwaith yn rhagor, a'r gwir Nadolig yn curo ar y drws, yn ysu am gael ei dderbyn.

❖ ❖ ❖ ❖ ❖

3

Dyma gyfnod darganfod bedd Tutankhamun ym 1922 gan Howard Carter. Fe adnabyddir Brenin Tutankhamun, y ffaro Eifftaidd ifanc o'r bedwaredd ganrif ar ddeg cyn Crist oherwydd y masg aur arbennig a wnaed ar gyfer y mummy brenhinol. Daeth yr aur fel ysbail o wledydd eraill ac o byllau yn Ne'r Aifft. Wrth wagu y bedd rhyfeddwyd pawb gan safon uchel y gwaith crefft a'r gelfyddyd. Roedd gemwaith arbennig yn dal i fod ar fysedd y brenin ac roedd ei fedd yn ymdebygu i'w fywyd, yn y gred y byddai'r byd nesaf yr un fath.

❖ ❖ ❖ ❖ ❖

4

Yng nghyfnod yr Adfent dyma ddarlleniad trawiadol :

UN BYWYD UNIGOL.

Dyma ŵr ifanc a anwyd mewn pentref anghysbell, plentyn i wraig gyffredin. Gweithiodd yn siop y saer hyd nes iddo gyrraedd deg ar hugain oed, ac yna am dair blynedd bu'n bregethwr crwydrol. Sgwennodd o erioed lyfr. Fuodd o erioed â swydd bwysig. Doedd o ddim yn berchen ar ei gartref ei hun. Chafodd o ddim teulu. Wnaeth o ddim o'r pethau dan ni'n eu cysylltu'n arferol efo Mawredd. Doedd ganddo ddim cymwysterau ag eithrio ef ei hun.

Tra'r oedd yn dal yn ŵr ifanc fe drodd barn y bobl yn ei erbyn. Ciliodd ei ffrindiau, a rhoddwyd ef i ddwylo ei elynion. Fe aeth trwy wawd achos llys. Fe'i hoeliwyd ef ar groes rhwng dau leidr. Tra'r oedd yn marw bu ei ddienyddwyr yn hap chwarae am yr unig eiddo a oedd ganddo ar y ddaear, a'i gôt oedd hwnnw. Wedi iddo farw fe'i dodwyd mewn bedd menthyg gan i gyfaill ddangos piti drosto.

Mae pedair canrif ar bymtheg wedi cyrraedd a ffarwelio, ac heddiw Ef yw ffigwr canolog yr hil ddynol, ac arweinydd pob symudiad at welliant. Dydy'r holl fyddinoedd a orymdeithiodd, yr holl lyngesau a hwyliodd erioed, na'r seneddau a ymgynullodd, y brenhinoedd a lywodraethodd - y rhain oll i gyd efo'i gilydd - heb effeithio bywyd dyn ar y ddaear hon i'r un graddau â'r Un Bywyd Unigol hwn."

❖ ❖ ❖ ❖ ❖

5

Ym 1901 ganwyd Walt Disney yr animeiddiwr. Er bod tipyn o drafod wedi bod ar y gŵr y tu ôl i'r ddelwedd, mae un dyfyniad o'i eiddo

yn hyfryd iawn :
"Breuddwydion yw'r dymuniadau y mae ein calonnau'n eu gwneud tra'r ydym yn cysgu."

❖ ❖ ❖ ❖ ❖

6

Gŵyl Sant Nicholas, a chyfnod o ryfeddod yn llygaid plant bach. Ond cofiwn am y plant a ddioddefodd hefyd a thrawsnewid ein Rhagfyr - er enghraifft pan lofruddiwyd James Bulger. Dyma ran o deyrnged arbennig Meirion MacIntyre Huws :

"Mae'r mis du leni'n dduach,
mis yw o boen heb James bach.
Ni cheir hwyl na charolau
na gwên seren yn nesau,
na chwaith ramant run Santa
na dydd o newyddion da.

Mud yr ŷm wrth fynd am dro
Wedi ennyd ei huno
gwnaed carchar o barc chwarae
a chell o lan môr a chae;
wedi ei ddwyn, ei strydoedd aeth
yn heolydd marwolaeth."

❖ ❖ ❖ ❖ ❖

7

Dyma arall-eiriad o gerdd trawiadol Gerwyn Williams a wnaed gan ddisgyblion ysgol ar gyfer gwasanaeth Nadolig.

"Rhowch i mi
Rhowch i mi
Rhowch i mi
Rhowch i mi

Drywsus Reebok
a Siaced Puma

Esgidiau Nike
ac oriawr Swatch
Garej i'r Golf
a dreif i'r Lamborgini
Aga i'r prydau Indiaidd llysieuol
Rhewgell i'r Flora
a'r moron organic
Seler i'r Lambrusco
a bar i'r Perrier
P.C i'r stydi a chadeiriau Habitat
Bwrdd Coffi i Pictionary a Trivial Pursuits
Llyfrgell i Match, Shoot a Ninety Minutes
Lolfa i Pobl y Chyff ac i Neighbours,
Oriel i Giggsy, Sharon Stone a Megadeth
Llyfrgell i'r Guardian, Observer, a'r Sun

Y cyfan sy'n vogue
yn raison d'être
cyn dirywio'n blasé.

I lenwi fy nyddiau
dilladu fy nghnawd.

Draw, draw'n Bosnia
ac anialdir Rwanda,
sypiau esgyrnog
sy'n marw.

❖ ❖ ❖ ❖ ❖

8

Ym 1660 y cafwyd yr actores gyntaf ar lwyfan yng Ngwledydd Prydain. Cyn hyn dynion neu fechgyn oedd yn chwarae rhan y merched.

Mi gofiwn hefyd am actores a chantores o Ffrainc Edith Piaf, a ddaeth yn nodedig oherwydd i'r actio fod yn rhan o'i chaneuon, a'r caneuon yn gymaint o ddrych i'w bywyd. Bu farw'n ifanc yn 47 oed, ac yn arbennig fe'i cofir am y gân a dyfodd yn ddywediad "Non, je ne regrette rien." Mae cantoresau fel Elaine Paige wedi dod â'i bywyd yn fyw drachefn i ni. Meddai amdani hi ei hun :

"Dwi'n gwybod yn iawn nad ydw i'n sant. Fuaswn i ddim yn medru cyfri fy nghariadon ar fy nwy law, a buasai'n hawdd i fwrw cerrig tuag ata i. Ond mae'r cyfan oherwydd fy mod wedi chwilio a chwilio am ddyn y medrwn ddibynu arno yn fy mywyd." I ni erys ing a gorfoledd ei bywyd yn ei chân. Chwedl Emrys Roberts :

"I ni'r egwan y canodd,
A'n heilun ni'r gwael iawn oedd ;
Dwfn ym mêr ydyw ofn marw."

❖ ❖ ❖ ❖ ❖

9

Tina Turner soniodd yn gelfydd iawn am *"Growing old disgracefully"* Tybed sut siâp sydd ar y Gaeaf drwy lygaid Joyce Grenfell ? Gallwn ddisgwyl yr annisgwyl mae hynny'n sicr :

"Ond rŵan mod i'n hen wraig
dwi'n mynnu'r gair olaf.
Does na'm y fath beth yn bod ag Amser,
dim ond y funud yma.
A dyma fi yn fa'ma.

Diolch i Dduw."

❖ ❖ ❖ ❖ ❖

10

Ar Ddiwrnod Iawnderau Dynol y Cenhedloedd Unedig, dyma eiriau o obaith yn cloi cyfrol o farddoniaeth gan Gerwyn Williams :

"Mae 'na un gerdd
sy'n aros
bob tro.
Yr un golau
sy'n sgleinio gan fy nallu
ac ni ffeindiaf fyth mo'r swits
i'w ddiffodd.
Y pen pin o oleuni

ym mhendraw'r twnel
a chyrhaeddaf mohono
fyth.

Un ebychiad brau o obaith
na allaf fyth mo'i wireddu.
Y Gerdd
a'i geiriau'n gyflawn
fyddai'n dweud
y cwbl lot."

❖ ❖ ❖ ❖ ❖

11

Bu farw Llywelyn ein Llyw Olaf yng Ngilmeri yn 1282.Fe'i claddwyd yn Abaty Cwm Hir.

"Fan hyn yw ein cof ni,
Fan hyn sy'n anadl inni,
Fan hyn gynnau fu'n geni."*(Gerallt Lloyd Owen)*

Yn dilyn hyn fe gafodd Gwenllian ei ferch a aned ym 1282 ei throi o Gymru a'i gwneud yn lleian yn Sempringham, Swydd Lincoln. Bu farw yno ym 1337, a gosododd Merched y Wawr gofeb iddi yno.

❖ ❖ ❖ ❖ ❖

12

Dywedodd Marianne Faithfull un o iconau y 60au yn gelfydd iawn: "Mae pob artist ar ôl oedran arbennig yn ysgrifennu am eu brifo. Dyma addasiad o gerdd ysgytwol gan Hugo Williams :

Rŵan mod i'n clywed trenau.

"Rŵan mod i'n clywed trenau
yn chwibanu o Paddington ar eu ffordd i Gymru,
dwi'n hoffi meddwl amdano fo,
mor ifanc ag yr oedd o bryd hynny,

yn rhedeg ar fy ôl i ar hyd y tywod,
yn dal cyfrwy'r beic yn sicr
a'm cychwyn ar fy nhaith fy hun.

Rŵan mod i'n edrych yn anhebyg
i'r bachgen ar y beic newydd sbon
yn igam ogamu i lawr y traeth,
dwi'n ei glywed o'n deud - "Dal ati i bedlo, dal i yrru."
Pan edrychais dros f'ysgwydd
Doedd dim golwg ohono."

❖ ❖ ❖ ❖ ❖

13

Yn Sweden heddiw dathlir Gŵyl Sant Lucia - Gŵyl y Golau, ond dyma ddyfyniad i ni gnoi cil drosto o'r Independent gan un o'i brif ysgrifennwyr ar ddarlledu, Thomas Sutcliffe. "Sawl bwlb 60 watt sy'n breuddwydio'n dawel am gyfnewid eu golau anarbennig, am ychydig o flynyddoedd o ddisgleirio llachar ?"

❖ ❖ ❖ ❖ ❖

14

DRWS.

Roedd drws pan oeddwn blentyn
        Lle'r elai'r nant i'r tro,
A'r diniweidrwydd lleiaf
        Oedd allwedd iddo fo,
Yn nhwf ieuengoed yno'r awn
A'm ffiol wag i'w gwneud yn llawn.

Mae'r nant yn llifo eto
        a nodau brys i'w hynt,
a minnau'n araf chwilio
        Am ddrws agorwn gynt,
Ni chaf y drws er mynych ddod
Lle byddai'r drws yn arfer bod.

(Arthur Evans).

15

Dyna i chi fardd oedd John Betjeman yn cael ei gymell gan glychau i sawl Eglwys, ac yn hynny o beth mae gen i'r un chwilfrydedd i grwydro yn ysbrydol os hoffech chi. Mi roddodd o ddarlun cofiadwy i ni o'r grefyddwraig honno yn Abaty Westminster sydd fwy neu lai yn dweud wrth Dduw beth i'w wneud, ond hefyd rhydd John Betjeman ddarlun oesol i ni o'r Nadolig yn nhermau strydoedd Llundain yn eu prysurdeb a cameos cofiadwy o effaith yr ŵyl ar y ddinas. A'r cwestiwn mawr -oes yna bwrpas i'n holl brynu presantau?

"And is it true ? For if it is,
No loving fingers tying strings
Around those tissued fripperies,
The sweet and silly Christmas things,
bath salts and inexpensive scent,
And hideous tie so kindly meant.

No love that in a family dwells,
no carolling in frosty air,
Nor all the steeple-shaking bells
Can with this single Truth compare -
That God was man in Palestine
And lives today in Bread and Wine."

❖ ❖ ❖ ❖ ❖

16

Arall-eiriad o gerdd gan Anne Digby:

"Pe bai'r doethion yn dod heno
    I wledydd Affrica,
A'r anglylion yn canu
    Uwchben Ethiopia,
Pe bai'r seren yn gloywi
    Wybren Libanus,
A'r bugeiliaid yn troedio
    Meysydd Iwerddon,
Buasai'r byd ond
    Hyd a lled
    Preseb."

17

Ar y dyddiad hwn ym 1961 y cysegrwyd Eglwys Las Berlin fel y byddaf yn ei galw - yr Eglwys yn y Gorllewin sydd fel cofeb i'r rhyfel. Gadawyd twr yr hen eglwys yno yn ei ddadfeiliad ,ond gerllaw fe adeiladwyd Eglwys Kaiser- Wilhelm newydd gyda gwydrau glas. Mae awyrgylch arbennig yma a cheisiais grynhoi fy nheimladau yn y gerdd a ganlyn :

EGLWYS LAS BERLIN.
(Eglwys fodern o wydrau)

Ynghanol
olion rhyfel
hen Orllewin.

Ynys las.

Mae mentro i mewn
fel camu'n ôl i'r wlad,
neu syllu at orwel môr.

Crefydd yma'n syml.

Un Crist
ynghrog yng nglesni'r gwydrau,
yn gweld glas Galilea,
asur Iorddonen
a chip ar addewid Tŷ dyrus ei Dad.

Pob mur yn dymchwel
mewn rhaeadrau
o ddagrau
glas."

(o Mendio Gondola)

❖ ❖ ❖ ❖ ❖

18

Ym 1843 fe fu farw yr ysgolhaig a'r ieithydd crwydrol Dic Aberdaron, ac fe'i claddwyd mewn lle digon di-sylw ar ochr y ffordd yn Llanelwy. Ysgrifennodd T. H Parry Williams amdano; ac er mor anodd yw i ni wneud hyn yn aml - gweddus i ni gofio nad ydy pawb "yn gwirioni'r un fath!"

❖ ❖ ❖ ❖ ❖

19

"Anodd oedd dirnad
pam y ganed Ef - o bawb -
i ddioddef o dan draed
rhai fel nyni,
y gwŷr sy'n baeddu'r byd.

Ac nid y stori am ei ddyfod
o fru y wyry wen
i alaw'r côr angylion
ydyw'r wyrth
a synna bob rhyw synnwyr,
ond un fwy,
sef ei ddyfod Ef o gwbwl
I'n trwbwl ni a'n trin."

(Gwilym R Jones)

❖ ❖ ❖ ❖ ❖

20

Geiriau Elfed am gyfoeth : "Nid ennill cyfoeth sy'n gwneud dyn, ond ei iawn ddefnyddio, ac nid yw aur y ddaear yn decach yn unman nag ar lawr wrth breseb Bethlehem".

❖ ❖ ❖ ❖ ❖

21

GWEDDI NADOLIG.

Diolchwn i Ti o Dduw Ein Tad am y Nadolig unwaith yn rhagor

- am y cynhesrwydd a ddaeth i ddod â lliw i fochau'r byd unwaith eto, a hynny ar ffurf diniweidrwydd plentyn.Diolchwn ynghanol yr hirlwm a brath y rhew fod yna le i feirioli a chynhesrwydd yng nghalonnau dynoliaeth o hyd.

Cofia am y newynog y Nadolig hwn - y rhai na allant greu Nadolig y cerdyn iddynt eu hunain. Ac wrth i ni wledda a phartia
"Heddiw nac anghofiwn
Waedd y lleill am weddill hwn."

Cofia yr unig a'r digartref y Nadolig hwn, sydd heb gysgod teulu na lle i roi eu pen i lawr.
"Gad i ni weld dy wyneb Di
Ym mhob cardotyn gwael
A dysgu'r wers i wneuthur hyn
Er mwyn Dy Gariad hael."

Gofala bod Lle yn y llety, ac wedi i ni agor drysau ein personoliaethau a'n heneidiau ein bod ni'n eu cadw ar agor gydol y flwyddyn.Cofia bawb sy'n wynebu colled neu anawsterau dyrus
"Pan oeddwn i mewn carchar tywyll du
Rhoist in oleuni nefol,
Haleliwia, Amen."

Gwna ni yn bobl y drysau agored sy'n fodlon rhannu y Nadolig yr wyt Ti wedi rhoi y fraint i ni ei sylweddoli a'i deimlo.
"Daeth Gŵyl y Baban
a gwên nôl i'r byd.
Deuwch, cenwch, clodforwch.
Dewch at eich gilydd
a bloeddiwch ynghyd
Fel un, Hale-liwia."
Er mwyn Dy Enw, Amen.

❖ ❖ ❖ ❖ ❖

22

Yn y cyfnod teuluol hwn pan yw'r plentyn yn cael bri, cofiwn am y geiriau perthnasol hyn i ni gyd.
DYFYNIAD O'R *VELVETEEN RABBIT* GAN MARGERY WILLIAMS.

Mae teganau y Feithrinfa yn sgwrsio:

"Beth sydd yn REAL ? gofynnodd y gwningen un diwrnod, pan oedden nhw'n gorwedd ochr yn ochr.

"Mae'n rhywbeth sy'n digwydd i chi." meddai'r Ceffyl "Pan mae plentyn yn eich caru chi am amser hir, hir, ddim i chwarae yn unig, ond yn eich caru chi'n wirioneddol, yna mi rydach chi'n dod yn Real."

"Ydy o'n brifo ?" gofynnodd y gwningen.

"Weithiau" meddai'r Ceffyl, gan ei fod o'n dweud y gwir bob amser.

"Ond pan dech chi'n Real dach chi'm yn poeni am gael eich brifo."

"Dio'n digwydd i gyd ar unwaith, fel cael eich weindio " gofynnodd "neu bob yn dipyn ?"

"Dio'm yn digwydd i gyd ar unwaith" meddai'r Ceffyl. "Dach chi'n tyfu i mewn iddo. Mae'n cymryd amser hir. Dyna pam dydy o ddim yn digwydd yn aml i rai sy'n torri'n hawdd, neu sydd ag ochrau miniog iddyn nhw, neu rhai y mae'n rhaid rhoddi maldod diddiwedd iddyn nhw. Fel arfer erbyn yr amser yr ydach chi'n Real mae'r mwyafrif o'ch gwallt wedi cael ei garu ymaith, mae'ch llygaid yn disgyn allan, mae'ch cymalau chi yn llacio a dach chi'n mynd yn flêr iawn. Ond dio'm ots am y pethau yma i gyd achos eich bod chi'n Real, a gallwch chi ddim bod yn hyll, dim ond i'r rhai sydd ddim yn deall."

"Mae'n siwr eich bod chi'n real ? meddai'r Gwningen. Yna roedd yn difaru iddi ddweud y fath beth, gan iddi feddwl y gallai'r Ceffyl fod yn sensitif. Ond dim ond gwenu wnaeth y ceffyl.

"Mi wnaeth y Meistr fi'n Real" meddai. "Roedd hynny amser maith yn ôl. Ond unwaith yr ydech chi'n Real allwch chi ddim ei ddadwneud o, a dod yn afreal yn ôl. Mae'n para am byth."

❖ ❖ ❖ ❖ ❖

23

Dyma benillion plant swynol o 1923:

SANTA CLÔS
GAN JOHN EVANS. (Sion Ifan, Llanegryn)

Da iawn hen daid o'r simdde ddu
a baich ei gefn o bethau clws,
'Dwyr Huw na Lewis sut y bu
Da iawn hen daid o'r simdde ddu.
"Hei ho !" trol fach - cath wen - a thŷ
bach del a cheffyl wrth ei drws
Da iawn hen daid o'r simdde ddu
a baich ei gefn o bethau clws.

"Hei ho!" medd Lewis bach a Huw -
Da iawn hen daid o'r simdde ddu.
Ffliwt bren.....dyn bach - fel dyn bach byw
"Hei ho!" medd Lewis bach a Huw.
Chwerthin - heb weld y crwydryn gwyn
yn llwybro'r stryd wrth ddrws fy nhy.
"Hei ho" medd Lewis bach a Huw
Da iawn hen daid o'r simdde ddu.

❖ ❖ ❖ ❖ ❖

24

Addasiad o weddi Peter Marshall
(Poems from the Holy Land)

Gweddiwn.

Arglwydd, llanw ni â ysbryd disgwylgar, fel y Tri Gŵr Doeth a deithiodd filltiroedd pell yn sicr eu ffydd y deuent o hyd i Grist y baban.

Arglwydd, rho ychydig o'r llawennydd a ganodd yng nghalon Mair, pan y gwyddai ei bod â rhodd Duw yn ei chroth.

Arglwydd rho i ni lygaid plant, a'u gweledigaeth hefyd, fel ein bod ninnau y Nadolig hwn mewn rhyfeddod yn disgwyl eto am eni.

Ac Arglwydd pan y daw geni, dysg i ni weld ei oleuni yn y Byd, ond hefyd yn ein calonnau ninnau.

Amen.

❖ ❖ ❖ ❖ ❖

25

Diwrnod Nadolig. Nadolig Llawen i bawb ! Cofiaf i mi ddarllen poster clyfar iawn yn ffenestr Eglwys

"Christmas Day The Movie - Still on release in lives everywhere."

Fy hoff garol yw Carol y Drwm a dyma un pennill ohoni, er mwyn cael mynd fel plentyn at y crud eto :

"Mair gytunodd parym pym pym pym,
Yr ych a'r oen a ddaeth, parym pym pym pym,
Yn nes i'm clywed i, parym pym pym pym,
Fy ngorau rof i Ti, parym pym pym pym,
Gwenodd arnai'n dlws parym pym pym pym,
Fi a'm drwm."

Nid yw'r geiriau canlynol gan y diweddar Selyf Roberts o Groesoswallt mewn print,ond fe'i cefais gan gyfeillion o Weston Rhyn. Maent yn eiriau rhagorol, ac yn cynnig gwedd newydd i ni ar y Nadolig bob tro y darllenír hwy :

GWEDDI BORE NADOLIG
gan Selyf Roberts.

Cyn agor y parselau
Cyn datod y rhubanau
Y gras, O Arglwydd dyro im
I gofio'r rhai na chawsant ddim.

Cyn eistedd wrth y byrddau
A gwledda ar dy ddoniau
Rho i mi gofio, Arglwydd Dduw
y rhai heb fwyd i'w cadw'n fyw.

Wrth ganu ein carolau
A gwrando ar y clychau
Rho ras im gofio dirion Dad
Y mud a'r byddar yn ein gwlad.

Wrth ddawnsio rownd y goeden

A'r lliwiau ar bob cangen
Gad i mi gofio Iesu hoff
Fod rhai yn ddall a rhai yn gloff.

Cyn edrych ar y cardiau
A chofio am ein ffrindiau
O dwg i'm cof trwy'r cofio i gyd
Fod rhai heb gyfaill yn y byd.

Ynghanol fy nghyfeillion
A miri'r cwmni rhadlon
Gad i mi gofio am ambell un
Fydd heddiw ar ei ben ei hun.

A minnau eto eleni
yn llon ar Ŵyl y Geni
gad i mi gofio'r rheiny sy
Y diwrnod hwn mewn galar du.

Cyn mynd i'r gwely heno,
O Arglwydd gad im gofio
Y rhai na chawsant ddim o'r hwyl
a gefais i ar Ddydd yr Ŵyl.

❖ ❖ ❖ ❖ ❖

26

Dros gyfnod y Nadolig cofiwn am ddrama'r Nadolig sydd yn cael ei pherfformio mewn amrwywiol leoedd. Yr achlysur blynyddol sy'n gorseddu diniweidrwydd a thystio i ni yn ein soffistigedigrwydd rhyfedd "Nad ydy Duw ddim yn darfod" chwedl Gwyn Thomas.

Cofiwn am Shirley Valentine yn adrodd hanes ei mab Brian yn newid hanes y Nadolig yn ei fersiwn bersonol yn yr ysgol. Mae'r athrawon wedi rhoi Brian yn y "brif ran" sef Joseff yn y gobaith y bydd yn cau ei geg. Mae'n cyrraedd y llety ac yn dweud yn brennaidd:
"Teithwyr ydym ni ar ein ffordd i Fethlehem. Mae fy ngwraig yn disgwyl baban. A oes lle yn y llety ?"

Mae'r lletywr yn ateb :

"Na. Mae'n ddrwg gen i, ond chewch chi ddim aros yn y llety, achos nid oes lle yn y llety. Y mae'r llety yn llawn" Yna mae Brian yn ychwanegu ei sgript ei hun yn gwbl annisgwyl :
"Be !! Da chi'n llawn !!! LLAWN !!! Ond 'da ni 'di bwcio !!!!"

Mae Shirley hithau yn rhesymu ar ddiwedd yr hanes : "Sdim rhyfadd mod i heb deithio llawer, nagoes ? Cosb Duw am fagu'r hogyn stopiodd Mair a Joseff rhag cyrraedd Bethlehem." Dawn y dramodydd Willy Russell o droi o'r melys i'r chwerw - y doniol i'r dwfn mewn amrantiad.

❖ ❖ ❖ ❖ ❖

27

Yng nghyfnod drama'r Geni, dramau traddodiadol y Mummers, a Phantomeim y plant, gweddus yw i ni gofio geiriau Shakespeare a'n rhan ni oll yn anorfod yn y ddrama !

Llwyfan yw'r byd achlân !
A'r bobl i gyd sydd ynddo, actorion ydynt.
Maent wrthi yn mynd a dyfod yn eu tro :
Pob dyn yn chwarae llawer part mewn oes."
(Trosiad J.T. Jones o Bid wrth Eich Bodd.)

❖ ❖ ❖ ❖ ❖

28

Ar Ŵyl y Diniwed Sanctaidd i gofio'r plant a lofruddiwyd gan Herod gweddus yw i ni gofio cwpled cyforiog T. James Jones :

"Pa les Nadolig i'r plant
Heb yr Iesu yn bresant ?"

❖ ❖ ❖ ❖ ❖

29

Y NADOLIG
gan Robin Llwyd ab Owain.

Anialwch o boteli - Iesu Grist ?
Sigarets a Wisgi,
Fideos brwnt, chwydu a sbri
A gwin ...... i gofio'r Geni.

❖ ❖ ❖ ❖ ❖

30

Ar adegau fel diwedd blwyddyn, adegau o ail-ystyried a chymryd stoc mae geiriau cyfeillion yn werthfawr iawn. O'i cyfieithu dyma ddywedodd cyfaill i mi o Ffrainc. Credaf fod y geiriau yn siarad drostyn nhw eu hunain ac yn gysur ac ysbrydoliaeth wrth wynebu blwyddyn arall. Diolchwn am gyfeillgarwch ymhell ac agos :

"Credaf fy mod yn dy nabod ers ein cyfarfyddiad cyntaf. Fuaswn i ddim yn hoffi i ti ddelfrydu yr hyn ydw i - fuaswn i ddim yn hoffi i ti gael dy gamarwain gan rywbeth y buaset yn disgwyl i mi ei gael neu i fod - ond derbynia fi fel dy ffrind ; ein cysylltiad gorau yw ysbrydoliaeth a chreadigrwydd a'n cryfder yw rhannu'r un tawelwch meddwl.

Mae bywyd wedi gorfodi i mi newid, ac fe hoffwn petawn i'n medru bod yn ddiniwed eto - yn wir yn fwy diniwed nac y bûm - ac eto fe'm gorfodwyd i ddod yn glir fy meddyliau ac yn ddrwgdybus o eraill. Mae pobl yn greulon y tu hwnt i eiriau, dyna'r unig beth rwyn sicr ohono. Gan fod gennyt ti yr un lefel o ymwybyddiaeth, dwi'n gwybod fod tawelwch meddwl yn angenrheidiol i ti. Mae'n dy helpu i fyw mewn cytgord gyda'r pobl sy'n werth bod yn ffrindiau â nhw, a dyma ein hunig wobr wedi'r cyfan - yr hyn yr ydym yn caniatau i ni ein hunain ei fyw."

Ar y dydd hwn ym 1865 y ganwyd Rudyard Kipling, ac mae yntau yn sôn yn ei gerdd "If" hefyd am bwysigrwydd gwasgu gwerth o bob munud o'n bywydau.

❖ ❖ ❖ ❖ ❖

31

Dau o'm hoff ddyfyniadau i gloi pob blwyddyn :

"Er nad yw'm cnawd ond gwellt,
A'm hesgyrn ddim ond clai,

Mi ganaf yn y mellt,
Maddeuodd Duw fy mai.
Mae Craig yr Oesoedd dan fy nhraed
A'r mellt yn diffodd yn y gwaed."

(Ehedydd Iâl.)

"'Mhen oesoedd rif y tywod mân
Ni bydd y gân ond dechrau ;
Rhyw newydd wyrth o'i angau drud
A ddaw o hyd i'r golau.

Ni thraethir maint anfeidrol werth
Ei aberth yn dragywydd :
Er treulio myrdd o oesoedd glân,
ni bydd y gân ond newydd."

(Robert ap Gwilym Ddu.)

❖ ❖ ❖ ❖ ❖ ❖ ❖ ❖ ❖ ❖